Stefan Kiechle

Grenzen überschreiten

Papst Franziskus und seine jesuitischen Wurzeln

Ignatianische Impulse
Herausgegeben von Stefan Kiechle SJ, Willi Lambert SJ
und Martin Müller SJ
Band 67

Ignatianische Impulse gründen in der Spiritualität des Ignatius von Loyola. Diese wird heute von vielen Menschen neu entdeckt.

Ignatianische Impulse greifen aktuelle und existentielle Fragen wie auch umstrittene Themen auf. Weltoffen und konkret, lebensnah und nach vorne gerichtet, gut lesbar und persönlich anregend sprechen sie suchende Menschen an und helfen ihnen, das alltägliche Leben spirituell zu deuten und zu gestalten.

Ignatianische Impulse werden begleitet durch den Jesuitenorden, der von Ignatius gegründet wurde. Ihre Themen orientieren sich an dem, was Jesuiten heute als ihre Leitlinien gewählt haben: Christlicher Glaube – soziale Gerechtigkeit – interreligiöser Dialog – moderne Kultur.

Stefan Kiechle

Grenzen überschreiten

Papst Franziskus und seine jesuitischen Wurzeln

echter

Bibliografische Information der Deutschen Nationalbibliothek

Die Deutsche Nationalbibliothek verzeichnet diese Publikation in der Deutschen Nationalbibliografie; detaillierte bibliografische Daten sind im Internet über <http://dnb.d-nb.de> abrufbar.

www.echter-verlag.de
Umschlag: Peter Hellmund
Druck und Bindung: CPI – Clausen & Bosse, Leck
ISBN
978-3-429-03857-1(Print)
978-3-429-04827-3 (PDF)
978-3-429-06244-6 (ePub)

Inhalt

Papst Franziskus begegnet jungen Jesuiten. © *SJ-Bildarchiv*

1. Noch ein Papst-Buch?

Schon vieles wurde über Papst Franziskus geschrieben und auf vielerlei Weise. Dieses Buch versucht, die Wurzeln des Papstes im Jesuitenorden und in der ignatianischen Spiritualität darzustellen. Welches ist sein geistlicher Stil, welches seine Theologie, welches seine »Weise des Vorangehens« – um sogleich dieses ignatianische Grundwort einzubringen? Wie prägen diese Elemente ihn selbst? Wie prägten sie sein jahrzehntelanges Wirken in Argentinien? Und wie strahlen sie nun auf die weltweite Kirche aus? Inwiefern können sie suchende Christinnen und Christen – einzelne und Gemeinschaften – auf ihrem Weg des Glaubens und des christlichen Engagements inspirieren?

Jorge Mario Bergoglio, Papst Franziskus, ist eine – so berichten jene, die ihm begegnen – leicht zugängliche und im guten Sinn einfache Person, aber er ist zugleich eine vielschichtige und komplexe Persönlichkeit – auch das hört man vielfach. Wer seine Texte und die Bücher über ihn studiert, empfindet Größe, aber er erfährt auch das Geheimnis seiner Persönlichkeit. Auf den schnellen Begriff lässt Papst Franziskus sich nicht bringen. Trägt gerade dieser Zug nochmals zur Faszination bei, die er auf Millionen Menschen ausübt? Papst Franziskus strahlt jedenfalls – das spüren die Millionen – nicht vor allem sich selbst aus, sondern immer etwas geheimnisvolles Anderes, oder besser: einen Anderen, der ihn erfüllt und bewegt und der aus ihm heraus spricht und wirkt und bewegt. In diesem Buch gehe ich – eher nachdenkend-fragend als urteilend-lehrhaft – dem nach, wie Papst Franziskus aus dem ignatianischen Geist geworden ist, was er ist, und was dies für uns Christen und für die Kirche bedeuten könnte. Damit schreibe ich natürlich ebenso über den Jesuitenorden und seinen Geist, in seinem Wirken in der Kirche und für die Welt. Auch dieses Buch kann nur subjektiv blicken und tasten und Eindrücke in unser Sprechen und Empfinden zu übersetzen versuchen.

Ein erster Blick dieses Buches wird darauf gehen, wie der Papst durch die Exerzitien geprägt wurde und wie er aus ihnen lebt. Dann gehen wir dem Fundament seines Selbstverständnisses nach als jemand, der sich von Gott in die Welt und insbesondere an Grenzen des Lebens gesandt weiß. Der enge Zusammenhang von Verkündigung des Glaubens und Einsatz für Gerechtigkeit ist ein Urthema jesuitischer Sendung; Papst Franziskus hat dazu ein komplexes Verhältnis, das wir in seiner Entwicklung zu ertasten versuchen. Der Papst lebt aus Beziehungen und in Gemeinschaft; ohne diese ignatianische Prägung wird man ihn – und damit unseren christlichen Glauben – nicht verstehen können. Ein Blick auf sein Verständnis und seine Praxis der Leitung führt zu einer Betrachtung über Peter Faber, jenen Jesuiten der Anfangszeit, den der Papst besonders verehrt und schätzt. Am Ende der Kapitel wollen Fragen zum persönlichen Nachdenken anregen. Zwölf prägnante Worte des Papstes, gleichsam Schlüsselworte seines Pontifikats, schließen die Überlegungen des Buches ab.

Das Jesuitische oder Ignatianische ist mehr ein *modus procedendi* (eine Weise des Vorangehens) als ein Inhalt, mehr ein Stil als eine Lehre. Und es will keine exklusive Sonderspiritualität einzelner oder einer auserwählten Gruppe sein, sondern es will den Kern biblisch-christlicher Existenz in eine Lebensweise übersetzen. Insofern ihm dies gelingt, hat es sein Recht, seine Attraktivität, seine Weisungskraft. In diesem Buch werde ich daher, immer wieder mit Zitaten und biographischen Bezügen des Papstes, seiner »Weise« nachzugehen versuchen, nicht um einen Kult um die Person oder um das Papstamt zu befördern – das wäre wenig ignatianisch –, sondern in der Hoffnung, dass diese Weise des Papstes einigen Leserinnen und Lesern einige geistliche Frucht bringen wird.

Bei einem Besuch in der Augsburger Kirche St. Peter am Perlachberg war Bergoglio von dem Bild »Maria Knotenlöserin« tief beeindruckt: Maria entknotet ein weißes Band, das ihr von Engeln gereicht wird. Aus Augsburg nahm er nur eine Postkarte des Bildes mit, nach seiner Bischofsweihe wurde jedoch eine Reproduktion in einer Kirche in Buenos Aires angebracht. Das Bild wurde schnell populär unter den Gläubigen und die Kirche zu einem Wallfahrtsort. Es weist auf die vielleicht innerste Berufung des Papstes hin: Gott will Verknotetes lösen, im persönlichen Leben aller Menschen, in der Kirche, in aller Welt; Maria, die vollkommene Frau, hilft ihm dabei. Die Berufung des Papstes und ebenso die aller Christen und der weltweiten Kirche ist es, in diese göttliche Dynamik des Knotenlösens einzutreten und mitzuhelfen, ein Reich Gottes ohne Knoten und Fallstricke aufzubauen.

2. Leben aus den Exerzitien

Am Anfang stand die Großmutter, die den jungen Jorge in ihrer Gläubigkeit und ihrem tiefen Gebet prägte. Und es gab den Vater, der mit der Familie täglich vor dem Abendessen Rosenkranz betete. Jorge wuchs wie von selbst in den Glauben und in eine intensive Gebetspraxis hinein – manch ein Nachgeborener wird dies, hoffentlich ohne Neid, bestaunen und bewundern. Mit 17 dann eine Berufungserfahrung: In einer Kirche sah Jorge einen ihm unbekannten Priester, der ihn beeindruckte. Jorge beichtete bei ihm, und sein Glaube wurde so sehr »aufgerüttelt«, dass er beschloss, Priester zu werden. Er schreibt: »Es war die Überraschung, das maßlose Erstaunen über eine wirkliche Begegnung. Ich merkte, dass ich erwartet wurde. Das ist die religiöse Erfahrung: das Erstaunen darüber, jemandem zu begegnen, der dich erwartet. Von diesem Zeitpunkt an ist es Gott, der einen mit einer Ausschließlichkeit umwirbt, wie es sie nur in der ersten Liebe gibt. Man sucht Ihn, aber Er sucht dich zuerst. Man möchte Ihn finden, aber Er findet uns zuerst.«[1] Für Jorge war jedoch zunächst ein anderer Schritt dran: Schon als Junge hatte ihn sein Vater in der freien Zeit zum Arbeiten geschickt, und nach dem ersten Schulabschluss machte er eine Ausbildung als Chemietechniker – so viel Welterfahrung sollte sein.

Warum wurde er Jesuit?

Mit 20 Jahren – damals eher spät – trat Jorge ins Priesterseminar ein. Zwei Jahre später wechselte er ins Noviziat der Jesuiten; im Seminar hatte er die Patres kennengelernt. Warum fühlte er sich in die Gesellschaft Jesu berufen? Drei Gründe gibt er für diesen Schritt an: »der Sendungscharakter, die Gemeinschaft, die Disziplin«[2]. Die Sendung, also jener Auftrag, hinauszugehen und zu verkünden, zu predigen, für Gott und die Menschen zu arbeiten, ignatianisch gesagt: zu »helfen«, steht am Beginn; das Motiv der Gemeinschaft – unerwartet für Jesuiten? – kommt gleich danach; in den beiden nächsten Kapiteln dieses Buches werden diese Momente reflektiert. Den dritten Grund, die Disziplin des Ordens, kommentiert er selbst: »Das mutet seltsam an, weil ich von Geburt an ein undisziplinierter Mensch bin. Aber die Disziplin der Jesuiten, ihre Art, die Zeit einzusetzen, hat mich sehr beeindruckt.«[3] Brauchte er die Disziplin, um sein überbordendes Charisma zu zähmen? Das wäre recht einfach gedeutet. Jedenfalls will Jorge im Orden Disziplin *lernen*. In heutiger Spiritualität ist »Disziplin« kein populäres Wort, und wir verbinden es kaum mit dem Ignatianischen. Damals galt Disziplin als Kennzeichen gerade der Jesuiten; haben wir Jesuiten seither etwas Wichtiges verloren oder ausgeblendet? Hilfreich ist wohl der Hinweis des Papstes auf die Zeit, denn der ignatianische Geist legt immer Wert auf den rechten Umgang mit der Zeit: alles nach klugen Prozessen, im angemessenen Tempo, ohne Hektik und ohne Trödelei, mit einer, weil Zeit immer knapp ist, guten und gut organisierten Effizienz, aber auch mit freier Entwicklung im passenden Rhythmus – und mit Muße. Auch dieses Thema – bei Papst Franziskus kommt es immer wieder – wird uns begleiten.

Im Orden machte Jorge Exerzitien: im Noviziat und später noch einmal im Terziat[4] die 30-tägigen, außerdem jährlich achttägige. Das Leben des Jesuiten wird von innen her durch Exerzitien geprägt und aus ihnen heraus gestaltet. Die Exerzitien in der Ausbildungszeit des Papstes fanden in strengem Stillschweigen statt und waren im Stil sicherlich klassisch: pro Tag mehrere Vorträge und vier einstündige Gebetsübungen, mit täglicher Eucharistie, Litanei, Stundengebet. In den Impulsen wird viel die Schrift ausgelegt, in den Übungen selbst betet man persönlich mit Texten der Bibel. Christus steht im Zentrum, und im Laufe der Zeit vertiefen sich die Beziehung zu ihm und die Hingabe an ihn. Damalige Exerzitien waren weniger personalisiert als heutige, aber die Übungen gingen mit der Zeit in große persönliche Tiefe. Sie stärkten – das ist ihr Ziel – die Ausrichtung auf Gott und die Bereitschaft, sich von ihm zum Dienst senden zu lassen.

Als Jesuit und als Bischof gab Bergoglio öfters selbst Exerzitien. Nach seiner Papstwahl wurden in einem Buch einige von ihm gehaltene Vorträge abgedruckt,[5] die uns seinen Zugang zur Exerzitienspiritualität erschließen. Die meisten Vorträge orientieren sich gut ignatianisch an Bibeltexten, aber immer wieder streut Bergoglio auch direkte Hinweise auf Ignatius und sein Buch der Geistlichen Übungen ein. Die Sprache und die Bildwelt des Autors sind zeit- und kulturbedingt und für uns nicht immer leicht erschließbar, doch seine geistlichen Wurzeln werden deutlich. Einiges aus diesen und anderen Zeugnissen sei vorgestellt.

Vier lange Wochen

An einer Stelle[6] erläutert Bergoglio die *Struktur der Exerzitien*[7]. Er erwähnt »Prinzip und Fundament«

(EB 23[8]) und die Haltung der Indifferenz, die er »Methodologie des Soweit-Als im Hinblick auf das ›Mehr‹« nennt; damit meint er, dass man in die Exerzitien mit der inneren Freiheit eintritt, die Mittel der Welt so weit anzunehmen, als sie helfen, und sie so weit loszulassen, als sie hindern, immer mit der inneren Zielsetzung, sich ständig *mehr* von Gott senden und einsetzen zu lassen. Bei der »Ersten Woche« erwähnt er die persönliche Erkenntnis der Sünde und die Abscheu davor, vor allem aber – und er kommt in seinen Texten immer wieder darauf zurück – das »Gespräch der Barmherzigkeit« mit dem gekreuzigten Christus (EB 53): Angesichts seiner Sünde stellt der Exerzitant sich unter das Kreuz und spricht mit dem dort angenagelten und ihm vergebenden Herrn über sein Verhalten. »Es gibt nur einen sicheren Weg, auf dem wir uns in das Labyrinth unserer Sünden vorwagen dürfen: an der durchbohrten Hand Jesu«. In der »Zweiten Woche« hört der Exerzitant den Ruf Jesu, für sein Reich zu arbeiten. Bergoglio erwähnt ausdrücklich die Demut als die einzige Waffe, die in diesem Kampf zum Sieg führt. Und er spricht davon, dass wir nun »unsere Entscheidung treffen« werden. In der »Dritten« und in der »Vierten Woche« geht es um die Passion Jesu und Ostern[9] und darum, dass wir in die Gemeinschaft der Kirche eingegliedert werden und unsere Entscheidung bekräftigen. Mit diesen wenigen Stichworten zeigt Bergoglio, wie er die Exerzitien versteht und was ihm an ihnen wichtig ist. Die einzelnen Etappen seien noch etwas genauer dargestellt: Wo kommt das *Prinzip und Fundament* in seinem Leben vor? Papst Franziskus lebte immer bescheiden und hing nie an materiellen Gütern. Das zeigte er in Argentinien als Jesuit, der für seine asketische Lebensweise bekannt war, ebenso als Bischof und Kardinal, der mit U-Bahnen und mit Bussen fuhr, und schließlich in Rom als Papst, der vom ersten Tag an allen Prunk ablehnte. Er ist frei, Güter wegzulassen, die nur das Herz binden und zum Dienst nicht helfen. Gleichzeitig nutzt er jene Güter, die helfen, beispielsweise für seine so beeindruckende pastorale Symbolik oder zur Kommunikation mit vielen Menschen. Dass er sich von Gott zu einem »Mehr« herausfordern, ja verführen lässt, zeigt er durch enorme Lernfähigkeit oder auch durch die Bereitschaft, sich vom einfachen Ordenspriester früh zu verantwortungsvollen Ämtern im Jesuitenorden, dann zum Weihbischof, Erzbischof und Kardinal, schließlich zum Papst rufen zu lassen. Und in allem wirkt der Papst, der aus einfachen Verhältnissen stammt, keine außerordentliche Ausbildung bekam und außerdem von schwacher Gesundheit ist, bewundernswert angstfrei: Wo Gott ihn hinstellt, steht er, einfach aus der Kraft heraus, die ihm gegeben ist, und er tut, was er kann, nicht mehr und nicht weniger. Das ist sein Prinzip und Fundament.

Auf die Frage »Wer ist Jorge Mario Bergoglio?« antwortet der Papst mit entwaffnender Offenheit: »Ich bin ein Sünder.«[10] Dieses öfters wiederkehrende Motiv zeigt, wie er die *Erste Woche* der Exerzitien verinnerlicht hat. Vermutlich kommt diese Selbstbeschreibung unter anderem von den Fehlern her, die er in seiner frühen Zeit als Jesuitenprovinzial machte – als »schroff und eigenmächtig« bezeichnet er sich im Rückblick. Bis heute erinnert er sich deutlich an diese Fehler;[11] wir kommen später darauf zurück. Sich an dunkle Stellen der Biographie bleibend zu erinnern – als versöhnt, aber präsent –, hilft ihm zum Realitätsbezug, zur Demut. Über das Erinnern des Dunklen wie des Lichten denkt er häufig nach.[12] Seine Exerzitanten lädt er ein, um Schmerz über die Sünden zu bitten,[13] und er thematisiert ausführlich die Scham über die Sünde;[14] in einer Predigt vor Jesuiten lädt der Papst, ganz nach Ignatius, seine Mitbrüder ein, um die Gnade dieser Scham zu bitten.[15] Das Gespräch mit dem Gekreuzigten und auch das Gespräch der Barmherzigkeit (EB 61) erwähnt er immer wieder. Dieses Insistieren auf dem doch ungeliebten Thema der Sünde zeigt, wie der Papst sich als fehlender und schwacher Mensch ganz dem Erbarmen Gottes verdankt – Gott löst den Knoten der Sünde. Das göttliche Erbarmen ist sein Lebensthema und der Kern seiner Verkündigung.

Die Christuszentriertheit, ja Christusförmigkeit steht für Bergoglio im Zentrum seiner Spiritualität. Allerdings: Indem Christus sich ihm offenbart, sendet er ihn. Dieser enge Zusammenhang von Offenbarung und Sendung[16] ist die Mitte der *Zweiten Woche*. Der Exerzitant lernt Christus tiefer »kennen und lieben«, um ihm »mehr nachfolgen« zu können (vgl. EB 104). Was sich im Deutschen so harmlos »Sendung« nennt, ist in romanischen Sprachen schon »Mission«: Man geht hinaus aus den Grenzen des Bekannten, hin zu den Menschen, die fern von Christus und arm sind, und bringt ihnen das Licht Christi. Der neuzeitliche Missionsimpuls, in seiner Unbedingtheit und Dringlichkeit, aber auch in seiner historischen Ambivalenz, hat hier bei Ignatius einen Ursprung. Der Papst lebt seit seinem Entschluss, Jesuit zu werden, aus dieser Sendungsdynamik; sein Wunsch, nach Japan als »Missionar« gesendet zu werden, konnte wegen seiner schwachen Gesundheit nicht erfüllt werden, und so wurde er Missionar in Argentinien. Der starke missionarische Impuls ist der wichtigste Unterschied der ignatianischen von anderen, etwa monastischen oder kontemplativen Spiritualitäten.

Gesandt sieht sich der Papst – in den nächsten Kapiteln ist das zu vertiefen – zuerst zu Armen und an Grenzen. Hier in der »Zweiten Woche« ist wichtig, dass der Maßstab für alle Sendung das Leben und Handeln Jesu ist: Man betrachtet Szenen aus den Evangelien, Jesu Umgang mit den Menschen, seine Gleichnisse und Predigten, seine Taten, ja seinen »Stil«, und man bittet darum zu erkennen, wohin man gesendet wird und wie man handeln und leben soll. Je nach Situation fällt der Exerzitant in dieser Phase der Exerzitien auch Lebensentscheidungen – aber man spricht mit Ignatius besser von »Wahl«, denn die Entscheidung ist ja für den spirituell Suchenden weniger seine autonome und kreative Tat als vielmehr ein – hoffentlich dankbares und freudiges – Erwählen einer Möglichkeit, die sich anbietet oder genauer: die der Herr eröffnet und zu der sich der Exerzitant hingezogen fühlt.

Dass auch Leiden etwas mit Nachfolge zu tun haben könnte, erfuhr der 21-jährige Jorge in einer schweren Gesundheitskrise: Er hatte heftiges Fieber und schwebte zwischen Leben und Tod; schließlich diagnostizierte man eine Lungenentzündung und entfernte operativ einen halben Lungenflügel. In dieser Krise sprach ihm eine Ordensfrau Mut zu: »Jetzt folgst Du Jesus nach.« Dieses Wort prägte sich ihm tief ein und gab ihm Frieden.[17] Jorge bekam durch dieses Erlebnis früh eine Ahnung von der *Dritten Woche* der Exerzitien: Im Blick auf den Gekreuzigten bewährt sich die Nachfolge, indem man mit Christus und für Christus Leiden annimmt und erträgt. Dass darin ein eigentümlicher Trost liegt, beschreibt Bergoglio mehrfach in seinen Vorträgen: »Selbst inmitten von Widrigkeiten … bleibt diese geistliche Tröstung in irgendeiner Form erhalten. … Selbst am Kreuz wird sie dem nicht verweigert, der das offenbarende Wort, den tiefen Frieden – der eine der Stufen der Tröstung darstellt – gläubig empfängt.«[18] Seelsorge ist für Papst Franziskus im wesentlichen Sinn das Mitgehen mit Leidenden; das zeigte er als Kardinal bei seinen häufigen Besuchen in den Slums von Buenos Aires und als Papst bei seiner ersten Reise, die ihn nach Lampedusa zu den Afrika-Flüchtlingen führte.

In der *Vierten Woche* der Exerzitien betrachtet man die Auferstehung Jesu. Man will darüber Freude empfinden und bittet um diese Freude.[19] Sein erstes apostolisches Schreiben nennt Papst Franziskus programmatisch »Freude am Evangelium« – das Evangelium ist ja im Kern die frohe Botschaft von der Auferweckung Jesu von den Toten. In seinen Vorträgen spielt die Freude eine große Rolle, und er bringt sie in Zusammenhang mit dem, was Ignatius »Trost« nennt:[20] Dieser ist die Regung einer Seele, die in Liebe zu Gott entbrennt und in Gott Freude, Friede und Ruhe, aber auch Schmerz über die Sünde empfindet und dabei im Glauben, in der Hoffnung und in der Liebe wächst (EB 316). Der Papst, auch wenn die meisten Menschen ihn nur durch die Medien wahrnehmen, lässt immer wieder spüren, wie er aus dieser Freude und Ruhe im auferstandenen Herrn lebt. Deutlich wird an ihm auch, dass Gefühle wie Schmerz und Trauer nicht einfach das Gegenteil des Trostes und der Freude sind: Der Papst empfindet etwa tiefen Schmerz über die Gräuel im Nahen Osten oder über das Flüchtlingselend in Afrika, auch empfindet er – was er gelegentlich zeigt – Reue und Scham über seine eigenen Verfehlungen, aber in diesen tiefen und ehrlichen Empfindungen wirkt er zugleich eigenartig frei, erlöst, heil, ja freudig – ein nicht auflösbares Paradox der »Vierten Woche« und des ganzen christlichen Daseins.

Papst Franziskus versteht sich nicht einfach als Optimisten; angesprochen darauf, spricht er lieber von der christlichen Hoffnung: Schon »die Väter sind durch große Schwierigkeiten hindurch ihren Weg weitergegangen«. »Die Hoffnung enttäuscht nicht.« Sie ist »definitiv ein Geschenk Gottes«. »Gott enttäuscht die Hoffnung nicht, er kann sich nicht selbst verleugnen. Gott ist ganz Versprechen.«[21]

Öfters nimmt Bergoglio Bezug auf die »Betrachtung zur Erlangung der Liebe« (EB 230ff.): Man soll sich der göttlichen Wohltaten immer wieder erinnern, im Blick auf die persönliche Lebensgeschichte, auf die Familie, auf das Volk, dem man angehört. Dieses Erinnern will aufrütteln, und es will nicht im Vergangenen schwelgen, sondern die Berufung in der Gegenwart stärken.[22]

Mit der Kirche fühlen

Fragen zur Kirche bindet der Papst immer wieder an die »Vierte Woche«, denn bei Ignatius stehen die Regeln über das »Fühlen mit der Kirche« (lat. *sentire cum ecclesia*, EB 352ff.) in diesem Zusammenhang; und es ist der Auferstandene, der die Gemeinschaft der Kirche formt und sie sendet. Für den Papst ist Kirche vor allem – ganz nach der Lehre des Konzils und zugleich ganz lateinamerikanisch – Volk Gottes: »Das Volk ist das Subjekt. Und die Kirche ist das Volk Gottes auf dem Weg der Geschichte – mit seinen Freuden und

Leiden. Fühlen mit der Kirche bedeutet für mich, in dieser Kirche zu sein. Und das Ganze der Gläubigen ist unfehlbar im Glauben. Es zeigt diese *Unfehlbarkeit im Glauben* durch den übernatürlichen Glaubenssinn des ganzes Volkes Gottes auf dem Weg.« Dass der Papst die Unfehlbarkeit zuerst beim Volk Gottes verortet und nicht bei der Hierarchie, ist ein Signal, das nicht allen Katholiken gefallen wird, aber es ist älteste theologische Tradition. Er verweist auf Maria: »Wenn man wissen will, wer sie ist, fragt man die Theologen. Wenn man wissen will, wie man sie liebt, muss man das Volk fragen. Ihrerseits liebte Maria Jesus mit dem Herzen des Volkes – wie wir im *Magnificat* lesen. Man muss also nicht denken, dass das *Sentire cum ecclesia* nur an das Fühlen mit dem hierarchischen Teil der Kirche gebunden sei.«[23]

Die Heiligkeit der Kirche sieht der Papst – ungewöhnlich, aber sehr tief – in enger Verbindung mit der Geduld: Indem die Kirche geduldig nicht nur Ereignisse und Umstände auf sich nimmt, sondern auch im täglichen Weitergehen Ausdauer zeigt, ist die *kämpfende Kirche* heilig – als sein Bild für diese Kirche erwähnt der Papst seine Großmutter und seine Eltern, die in schwierigen Umständen gläubig immer weitergingen und ihm »so viel Gutes getan« haben.[24] Was ist Aufgabe der Kirche? »Ich sehe ganz klar, dass das, was die Kirche heute braucht, die Fähigkeit ist, Wunden zu heilen und die Herzen der Menschen zu wärmen – Nähe und Verbundenheit. Man muss einen Schwerverletzten nicht nach Cholesterin oder nach hohem Zucker fragen. Man muss die Wunden heilen. Dann können wir von allem anderen sprechen. Die Wunden heilen, die Wunden heilen ... Man muss ganz unten anfangen.« ... »Die Diener der Kirche müssen vor allem Diener der Barmherzigkeit sein.«[25] Hier ist es wieder, das eigenartige Ineinander von »Dritter« und »Vierter Woche«, von Passion und Ostern, von Hinuntergehen zum Schmerz und Dank für »so viel Gutes«.

Die Kirche ist eng verbunden mit Maria, der Mutter Gottes und der Mutter der Kirche. Mit Blick auf Maria entwickelt die Kirche ihre mütterliche Seite. Mit Ignatius nennt der Papst sie gerne »unsere heilige Mutter, die hierarchische Kirche«. Von diesem Wort ausgehend, entwickelt Bergoglio in einem Vortrag drei Kennzeichen der Kirche: *Heiligkeit, Fruchtbarkeit und Disziplin.* Wenn sie sich von Gott durchdringen lässt, aus dem empfangenen Guten lebt und daraus ihr Verkündigungseifer kommt, wird sie wie Maria *heilig*. Für die Menschen wird die Kirche dann *fruchtbar* – und nun spricht der Vortragende den Hörer direkt an: »wenn du fleißig arbeitest, wenn du gewissenhaft und dir zugleich deiner Nutzlosigkeit bewusst bist, wenn du im Grunde deines Herzens weißt, dass du die Erde pflügen und die Saat ausbringen musst, dass aber die Bewässerung und die Ernte Gnade sind und allein dem Herrn obliegen«; Vorbild ist auch hier Maria. *Disziplin* – wieder verwundert der Begriff an dieser Stelle – wird von Bergoglio nicht als rigide Regelobservanz verstanden, sondern – ein weiter und aufregender Denkbogen – mit der *discreta caritas* umschrieben: Dieser ignatianische Begriff meint die kluge, unterscheidende Liebe, die aufmerksam hinschaut und die Dinge von Gott her und auf ihn hin ordnet; diese Liebe kann, wie eben Maria, Knoten des Lebens lösen. Darüber hinaus meint »Disziplin« bei Bergoglio, dass Christen das Wort nicht nach eigenen Maßstäben und Ideen verkünden, sondern in Einheit mit der Kirche[26] – der Missionar muss sich in die Gemeinschaft, die den Einzelnen übersteigt und vom Geist geführt wird, gleichsam kreativ einordnen.

Die Geister unterscheiden

Damit ist die *Unterscheidung der Geister* angesprochen, die die Exerzitien durchzieht und den Papst immer wieder bewegt. Etwa in der »Zweiten Woche« spricht er die Entscheidungen an, die dort zu fällen sind: Wer vor grundlegenden Fragen und Weichenstellungen seines Lebens steht, muss unterscheiden, welche Regungen ihn bewegen und ob diese in eine gute oder in eine schlechte Richtung führen; in der ignatianischen Sprache: ob sie vom guten oder vom bösen Geist stammen. Dann kann er entscheiden, d.h. festlegen, welchen der oft widersprüchlichen Regungen er folgt und welchen nicht. Der Papst wendet diese Weisheit der Unterscheidung der Geister auch auf große politische Fragen und Entscheidungen an. In seinem apostolischen Schreiben formuliert er: »Es ist angebracht zu klären, was eine Frucht des Gottesreiches sein kann, und auch, was dem Plan Gottes schadet. Das schließt nicht nur ein, die Eingebungen des guten und des bösen Geistes zu erkennen und zu interpretieren, sondern – und hier liegt das Entscheidende – die des guten Geistes zu wählen und die des bösen Geistes zurückzuweisen.«[27]
Über Versuchungen spricht der Papst oft.[28] Als Versucher identifiziert er gerne den bösen Geist, den er auch »Feind« oder »Teufel« nennt. Neben anderen teuflischen Schlichen beschreibt Bergoglio dessen Versuchungen »unter dem Schein des Guten«: Diese sind besonders perfide, denn der Teufel verwandelt

sich darin zum Schein in einen Lichtengel, der vermeintlich Gutes bringt, aber dadurch umso tückischer zum Bösen verführt. Die Rede vom Teufel, in Lateinamerika weit verbreitet, hat dem Papst in westlich-säkularen Kulturen viel Unverständnis eingebracht. Sie kommt aus biblischer und altkirchlicher Tradition und wird von Ignatius häufig aufgegriffen: Der »Teufel« oder »Feind der menschlichen Natur« meint die Macht des Bösen, die in der Welt waltet und den Menschen bedrängt und zu Egoismus, Gier, Gewalt und Hoffnungslosigkeit verführt. Diese Macht des Bösen wird im Bild des Teufels gleichsam personifiziert und damit plastischer, sinnlicher dargestellt, so dass man sie geistlich konkret aufspüren und gegen sie kämpfen kann – klar ist in dieser Rede allerdings immer, dass der Teufel keine eigenständige, autonome »Person« ist oder gar eine Gegenmacht gegen Gott, die sich mit ihm messen oder ihm widerstehen könnte. In der Praxis der Unterscheidung der Geister will man das Falsche und Böse in seiner Energie und Gewalt erkennen, ja in seiner Verborgenheit aufdecken, im eigenen Herzen, in Gemeinschaften, in sozialen Strukturen, und man will es bekämpfen, d.h. seiner Verführungskraft widerstehen und mit Entschlossenheit das Wahre und Gute erkennen und tun. Alle Exerzitien dienen diesem großen Ziel.

Der Blick auf Papst Franziskus kann uns für unser geistliches Leben anregen: Erinnere ich mich genügend an die empfangenen Gaben und Wohltaten? Welche übersehe ich, welche verleugne ich? Erinnere ich mich umgekehrt, im Blick auf die Barmherzigkeit Gottes, an meine Fehler, Schwächen, Sünden? Welche übersehe oder verleugne ich? Wo hat Gott sich mir offenbart? Erkenne ich, dass der Herr mich mit dieser Offenbarung zugleich sendet? Welches ist heute meine Sendung? Bin ich geduldig im Weitergehen? Lasse ich das Leben und den Stil Jesu als Maßstab für mich zu? Wie stehe ich zur Disziplin, und wo könnte mir mehr Ordnung helfen, meinen Auftrag besser zu erfüllen? Sehe ich Krankheit oder Scheitern in meinem Leben – mit Blick auf den Gekreuzigten – als mögliche Signale Gottes, der mich damit tiefer in die Nachfolge führen will? Gebe ich der Freude in mir Raum? Glaube ich – in allem Schmerz über das Dunkle in mir und in der Welt – an die Auferstehung, an Gottes Heil und Friede? Bete ich genügend um diesen Glauben? Stelle ich mich ehrlich den »Geistern«, die mich umtreiben? Bemühe ich mich, dem Teufel zu widerstehen? Was könnte mir helfen, mich im Spüren und Tun mehr auf das Gute und auf Gott hin auszurichten?

3. Gesandt in die Welt

Jorge Mario Bergoglio hat die Nähe Gottes gespürt, und aus diesem Erleben heraus weiß er sich in die Welt gesandt. Auch als Papst merkt er immer wieder kritisch an, dass die Kirche zu sehr auf sich selbst bezogen ist und zu viel um interne Fragen kreist. Seine Kritik richtet er auf Kleriker, die sich in Fragen der Liturgie, der klerikalen Kleidung, der Verwaltung usw. verstricken – mit dieser Botschaft hat er sich nicht nur Freunde gemacht. Doch der Papst begründet seine Option aus der Schrift: Nach dem biblischen Zeugnis kritisiert Jesus jeden Ritualismus; seine Jünger sendet er in die Welt – der Papst versteht sich von Jesu Aussendung der ersten Jünger her, was sich wiederum genau mit dem ignatianischen oder jesuitischen Bild des Priesters und Missionars trifft. Angstfrei und dialogisch auf die Welt zuzugehen, mit ihrer Fremdheit und ihrer Widersprüchlichkeit, bisweilen mit ihrer Ablehnung des Christlichen oder der Kirche, mit ihrer Verdorbenheit und Kälte usw., das fordert heraus, nicht nur die Priester, sondern alle Christen, die in der Welt durch ihr Reden und Handeln die Barmherzigkeit und Größe Gottes bezeugen wollen. Wohin soll diese Sendung gehen?

Welche Grenzen überschreiten?

Gesandt sieht sich der Papst *an Grenzen*, und er betont immer wieder, dass die Priester und alle »Missionare« an Grenzen gehen sollten. Damit meint er sicherlich die arme Bevölkerung, die – nicht nur in Lateinamerika – kirchlich und sozial an der Grenze, ja oft außerhalb der normalen sozialen Bezüge und Möglichkeiten lebt und in diesem Sinn ausgegrenzt ist; diese Botschaft ist vermutlich die bekannteste und die am meisten rezipierte dieses Papstes. Meint er mit »Grenzen« noch anderes? Schon Papst Benedikt XVI. forderte die Jesuiten auf, an Grenzen zu gehen. Der Generalobere der Jesuiten, Adolfo Nicolás, fragte daher vor einigen Jahren weltweit alle Jesuitenprovinziäle, welche Grenzen sie in ihrem Land und in ihrer Kultur wahrnehmen. Die Antworten wiesen in recht verschiedene Richtungen: In Afrika liegen die Grenzen bei Problemen der Versöhnung nach grausamen ethnischen und religiösen Kriegen und bei Fragen des Friedens, der Frauenrechte, der staatlichen Ordnung. In Europa wurden als Grenzen der Säkularismus und der interreligiöse Dialog genannt. Im Nahen Osten ist es vor allem der Islam. In Asien sind es oft kulturelle und spirituelle Fragen. In den USA ist es das gewaltige Problem der Immigranten. In Lateinamerika ist es der brutale Unterschied zwischen Arm und Reich. Immer wieder bilden sich neue Grenzen, und sie fließen: zwischen Ländern und Kulturen, zwischen sozialen Gruppen und Religionen ... Grenzen sind wohl immer solche zwischen Orten, an denen sich das Reich Gottes schon anfänglich zeigt, und solchen, an denen es noch sehr fern ist, weil Unrecht, Gewalt, bittere Armut, Unglaube, religiöser Konflikt, Sinnleere, Gier und Ausgrenzung herrschen. Der Missionar geht – so schmerzhaft und gefährlich dies für ihn sein mag[29] – aus seinem behüteten Haus heraus an diese Grenzen oder über sie hinaus an fremde und negative Orte, und er kündet dort von Gottes Willen nach Gerechtigkeit und sozialem Ausgleich, nach Friede und religiöser Toleranz, nach gläubiger Hingabe und Liebe. Durch seine Person und sein Tun vermittelt er Gottes Barmherzigkeit und sein Heilswirken.

Wirklichkeit und Zeit

Im apostolischen Schreiben des Papstes gibt es einen ungewöhnlichen Abschnitt: »Die Wirklichkeit ist wichtiger als die Idee«[30] – was bedeutet dies? Vielleicht kann man in der Geschichte des christlichen Denkens – sehr vereinfacht und zugespitzt – zwei Strömungen unterscheiden: Die eher platonisch-augustinische stellt die christliche Wahrheit als Ideal vor Augen, sie legt diese schön aus und versucht, die Wirklichkeit nach der Idee zu formen. Papst Benedikt XVI. kam eher aus dieser augustinischen Richtung: Er konnte wunderbar und mit großer Gelehrsamkeit den Glauben erklären, aber spätestens am Ende seines Pontifikats kam er mit der konkreten Führung der Kirche und ihres Verwaltungsapparats nicht mehr zurecht. Papst Franziskus hingegen ist jesuitisch geschult, kommt also mehr aus der aristotelisch-scholastischen Strömung: Den ersten Platz nimmt die Wirklichkeit ein, diese gilt es genau wahrzunehmen, zu untersuchen, zu gestalten. Im Handeln ist der Papst eher pragmatisch, durchaus struktur- und ein wenig machtorientiert. Manche werfen ihm vor, er missachte die Ästhetik, die Liturgie und das Dogma und sei ein »Macher«. Im Reden ist er konkret, mit praktischen und sinnlich-kräftigen Bildern, die in ihrer Direktheit und Pragmatik, auch in ihrer Verhaftung an eine selbstverständlich immer begrenzte Kultur, bisweilen verstören. Papst Franziskus geht zielstrebig in die wirkliche, konkrete Welt und will dort handeln, natürlich nach der christlichen Idee, aber »zwischen den beiden muss ein ständiger Dialog hergestellt und so vermieden werden, dass die Idee sich schließlich von der Wirklichkeit löst«. Die Idee hilft, die Wirklichkeit zu erfassen und zu verstehen, aber sie kommt nach ihr. Bei aller substantiellen und deutlich sichtbaren Kontinuität zu seinen Vorgängern setzt Papst Franziskus in seinem Petrusdienst hier einen neuen, durchaus jesuitischen Akzent.

Ähnlich ungewöhnlich ist seine Maxime »Die Zeit ist mehr wert als der Raum«[31]. Für den Papst – ich deute ihn wieder etwas aus – ist die Zeit Fülle, Weite, Offenheit, Prozess: Etwas darf sich entwickeln, Gott darf arbeiten, es gibt – hinweg über Grenzen – so etwas wie Weg und Fortschritt, also Hoffnung und mögliche Vollendung; und er zitiert Peter Faber: Die Zeit ist der Bote Gottes.[32] Hingegen ist Raum allzu schnell die Kategorie des Besitzes: Einer ergreift ein Territorium für sich, besetzt es – für immer? –, grenzt sich damit von anderen ab, beutet den Raum aus, sagt »Ich« anstatt »Du« oder »Wir«. Steht dahinter auch die Erfahrung Lateinamerikas, wo der Besitz extrem ungleich verteilt und scheinbar für immer fixiert ist? Die daraus resultierende Ungerechtigkeit wirkt zementiert und schreit täglich zum Himmel. Das Ignatianische hat – vielleicht noch zu wenig bemerkt – schon immer diesen Auftrag: Als Wanderapostel, der selbst arm lebt, geht man hinaus und will die ganze Welt umgreifen, man durchschreitet Räume, ohne sie besitzen zu wollen, überschreitet Grenzen, die blockieren wollen, und man bringt allen Menschen die Botschaft von der Liebe und vom Heil Gottes. Die Zeit nutzt man klug – also geistlich unterscheidend – und möglichst effizient, mit einem Drängen nach vorne, immer im

Gestalten und im Wachsenlassen auf das Reich Gottes hin. Mit dem Papst nochmals anders gesagt: Der Manager sitzt in seinem Büro, bleibt damit in den Grenzen seines Herrschaftsraums und verwaltet und sichert ihn, dreht sich aber um sich selbst; der arme Pilger geht hinaus ins Weite, in der Schwäche des Apostels, der nur den Gekreuzigten verkünden kann, auf die Menschen zu, offen in der Zeit, hin zur Ewigkeit.

Wieder einige Fragen, die fürs geistliche Leben anregen können: Bin ich bereit für eine Sendung in die Welt? Empfinde ich dabei Angst, Widerstand, Fremdheit? Empfinde ich auch Freude und Erfüllung? Was gibt mir Vertrauen und Kraft? Was hilft mir, meinen Auftrag mutig anzunehmen und tatkräftig zu erfüllen? Wo sehe ich in meinem Umfeld konkrete Grenzen, an die ich gesandt sein könnte? Was stärkt meine Bereitschaft, an Grenzen zu gehen und sie nach Möglichkeit zu überschreiten? Nehme ich die Wirklichkeit wahr, wie sie ist? Bemühe ich mich täglich darum? Bin ich zu idealistisch – oder im Gegenteil zu pragmatisch, gar zynisch? Und wie gehe ich mit der Zeit um? Bewahre ich, um mich abzusichern, ängstlich meine Machtbereiche? Wie kann ich als armer Pilger zu armen Menschen gehen?

4. Glaube, Gerechtigkeit, Dialog mit Religionen, Inkulturation

1974/75 hielt der Jesuitenorden in Rom seine 32. Generalkongregation (GK) ab, das ist eine Versammlung von gut 200 Jesuiten aus aller Welt. Sie hat unter anderem die Grundausrichtung des Ordens zu beraten und festzulegen. Bergoglio, damals Provinzial in Argentinien, nahm an dieser für die neuere Ordensgeschichte sehr bedeutenden Generalkongregation teil. Mitten im nachkonziliaren Aufbruch griff sie Anliegen der »Theologie der Befreiung« auf und erklärte, dass der Orden seine Sendung in der Verkündigung des Glaubens und im Einsatz für Gerechtigkeit sieht – beides zusammen und unlösbar ineinander verschränkt.[33] Gott will Gerechtigkeit auf Erden, und nur wer sich zugleich für ein gerechteres Zusammenleben der Menschen einsetzt, im direkten Einsatz für Arme, aber auch »strukturell« und politisch, kann glaubwürdig den Glauben predigen. Umgekehrt verlangt der Glaube an einen heilschaffenden Gott, dass man für gerechte Strukturen regional und weltweit kämpft; eine rein karitative Hilfe für arme Menschen würde zu wenig wirken und dem Auftrag des Evangeliums nicht genügen. Die 32. Generalkongregation bestätigte damit eindrucksvoll die vorher so umstrittene Linie des charismatischen Generaloberen Pedro Arrupe. Was hier als neu und wegweisend erschien, findet sich allerdings schon in früheren Jahrhunderten und schon bei Ignatius, nur vielleicht weniger ausdrücklich: Gott will den ganzen Menschen erlösen, und dazu will er ihn in ein Leben in Frieden und in Gerechtigkeit, in

Geschwisterlichkeit und in wahrem Gottvertrauen führen. Wir Christen sind Gottes Helfer, die sich aktiv für sein Reich einsetzen.

Bergoglio nahm auf dieser Versammlung keine führende Rolle ein; wie er zu den mehrheitlich gefassten Beschlüssen persönlich stand, ist nicht bekannt. In Zeugnissen und Biographien über ihn zeigt sich allerdings, dass er damals zur Theologie der Befreiung ein eher distanziertes Verhältnis hatte. Persönlich lebte er immer sehr bescheiden, und er verwirklichte immer eine »Option für die Armen« in dem Sinn, dass er als Seelsorger zu armen Menschen ging, ihnen nach Kräften half und auch Verfolgte zu schützen versuchte – dazu gleich mehr in einem Exkurs. Aber warum diese Distanz zum Einsatz für gerechte Sozialstrukturen, wie es die Theologie der Befreiung fordert?

Paul Vallely erklärt diese Distanz des Jesuitenprovinzials aus der argentinischen Geschichte: Bergoglio hing dem Peronismus an, einer recht eigentümlichen politischen Richtung Argentiniens, die ursprünglich die katholische Soziallehre in einer »Allianz aus Kirche, Arbeitnehmern und Militär«[34] zu verwirklichen suchte; sie lehnte den Wirtschaftsliberalismus der USA ebenso wie den Kommunismus der UdSSR ab. Nun spaltete sich in der Polarisierung der 70er Jahre der Peronismus in eine linke und in eine rechte Strömung, die sich – teilweise blutig – bekämpften. Die linke war deutlich von marxistischem Gedankengut durchsetzt und antikirchlich. Bergoglio tendierte zur rechten Strömung und damit gegen die Theologie der Befreiung, bei der er marxistische Sozialanalyse und damit auch die Gefahr atheistischer Tendenzen sah und also Schaden für die Kirche befürchtete. Der rechte Peronismus sah sich als Verteidiger von Nation,

Privateigentum und Kirche – kein Wunder, dass mit Bergoglio viele Kirchenvertreter zur Rechten neigten und Kontakte zu rechten Gruppen und zum Militär pflegten. 1976 beendete ein Militärputsch die zuletzt bürgerkriegsähnliche Situation. Was folgte, war jedoch nur ein neuer Krieg, in dem die Militärs ihre »linken« politischen Gegner blutig verfolgten und Tausende ermordeten. Die Kirchenführer Argentiniens hatten ihre Option – anders als in den meisten Ländern Lateinamerikas – für die Rechte getroffen und blieben in das Militärregime verstrickt. Bergoglio war kein Bischof, sondern »nur« der Jesuitenprovinzial. Der konkreten Politik hielt er sich eher fern, zur Befreiungstheologie blieb er weiter in Distanz.

Gott veränderte ihn

Spätestens als Bergoglio Weihbischof in Buenos Aires wurde, im Jahr 1992, änderte sich seine Einstellung. Bei seinen häufigen Besuchen in Armenvierteln lernte er beispielsweise, dass man der dort verbreiteten Drogensucht allein mit Appellen nicht beikommt, sondern auch »strukturell« arbeiten muss, also mit Gesetzen, mit Kontrolle und vor allem mit Bildungsprogrammen usw. Schon vorher hatte er sich für verfolgte »linke« Priester engagiert. Notleidenden war er immer wieder sehr nahe. Zu den Regierungen Kirchner hatte er, vor allem später als Erzbischof und Kardinal, eine distanzierte, ja ablehnende Beziehung. Mit einigen konservativen Mitbischöfen in Argentinien tat er sich sehr schwer und diese sich ebenso mit ihm. Ihm war wohl bewusst geworden, dass Sünde nicht nur im Fehlverhalten Einzelner liegt, sondern auch in sozialen und politischen Strukturen, die Arme und Notleidende arm halten und Reiche privilegieren und schützen. Die grausame Wirtschaftskrise ab Ende der 90er Jahre, die Millionen in die Armut trieb, trug das ihre dazu bei, dass sich sein Sinn änderte. Vallely zitiert Bergoglio aus dieser Zeit: Er geißelte die Reichen als Besitzstandswahrer, denen es einzig und allein um »ihre Privilegien, ihre Raffgier und ihren Anteil am unrechtmäßig erzielten Gewinn« gehe. Der Bischof verwies auf die Tradition der Kirche: »Sie sieht in der Unterdrückung der Armen und dem Betrug an den Arbeitern, die man um ihren Lohn bringt, zwei Sünden, die danach schreien, von Gott gerächt zu werden.« Für Bedürftige starteten die Bischöfe ein Lebensmittelprogramm, und Bischof Bergoglio kommentierte in ihrem Namen: »Wir haben genug von Systemen, die arme Menschen hervorbringen, um die sich dann die Kirche kümmern kann.«[35] 2007 redigierte er das Schlussdokument der lateinamerikanischen Bischofsversammlung in Aparecida: Es klagte die ungerechten Verhältnisse an und verlangte Änderungen, und es rief zu einer »Kultur der Armen« auf und dazu, »die morsch gewordenen Strukturen, die der Weitergabe des Glaubens nicht mehr dienen, aufzugeben«[36].

Wie kam es zu dieser Umkehr? Wir wissen nicht viel über die inneren Beweggründe Bergoglios. Annehmen dürfen wir jedoch, dass der Jesuit immer wieder aus dem konkreten, nüchternen, ehrlichen Kontakt mit der Realität seine Bilder und Urteile hinterfragte. Ein Ideologe hat ja seine fixen Begriffe und Theorien, die er der Welt aufzudrücken versucht, und wenn die Welt anders bleibt oder wird, dann grollt er und verharrt in seinen Denkmustern, ja verfestigt sie gegen die Realität. Der ignatianisch inspirierte Christ hingegen gibt der Wirklichkeit Vorrang vor der Idee: Er geht mit offenem Blick und Herzen in die oft hässliche und grausame Realität hinein, nimmt sie wahr, nimmt ebenso seine antwortenden »Regungen« wahr und *unterscheidet*, was Sache ist und wie er die Wirklichkeit immer wieder anders zu deuten und antwortend zu gestalten hat. Auch äußere Umstände helfen zur Korrektur: In Argentinien etwa hatten sich die politischen Verhältnisse geändert. Dadurch lösten sich bestimmte Sorgen auf – Befreiungstheologie sei marxistisch und atheistisch, eine Denkweise nicht zuletzt des Kalten Krieges; umgekehrt durchschaute man besser die dunklen Absichten auch äußerlich solider und kirchentreuer Mächtiger. Vallely verweist ausdrücklich auf Exerzitien des Bischofs als inneren Weg der Umkehr; Konkretes weiß man darüber kaum, aber für die Unterscheidung der Geister und die daraus inspirierte innere Lernfähigkeit spielt diese jährliche Stille- und Gebetserfahrung zweifellos eine zentrale Rolle.

Hat Bergoglio erst außerhalb des Ordens gelernt, Jesuit zu sein? So zugespitzt kann man die Frage kaum mit Ja beantworten. Allerdings machte er wohl als Provinzial der argentinischen Provinz in den 70er Jahren eine wichtige Entwicklung des weltweiten Ordens nur eingeschränkt mit. Unter argentinischen Jesuiten gab es in dieser Zeit eine Polarisierung, die sicherlich auch mit seinem damals recht autoritären Stil und mit einigen seiner inhaltlichen Optionen zu tun hat. Auch nach seiner Ablösung als Provinzial hielt diese Polarisierung noch lange an; im Orden war Bergoglio lange, auch noch als Kardinal von Buenos Aires, umstritten. Auch hier kann man einwenden: In den 70er Jahren war in Argentinien alles polarisiert und sicher auch ideologisiert, im Orden und in der Kirche, in Gesellschaft und Politik; also konnte keine Führungsperson alle und alles integrieren, sondern sie musste sich positionieren und damit Gegner schaffen. Später, als Bischof, öffnete sich Bergoglio für die Befreiungstheologie und -praxis, die sich der weltweite Orden schon einige Zeit vorher angeeignet hatte. Und er lernte einen anderen Stil der Kommunikation und der Leitung – dazu in den nächsten Kapiteln mehr. Als Bischof hatte er zu seinen Mitbrüdern in Argentinien und auch in Rom teilweise ein recht distanziertes Verhältnis, als Papst wurde die Beziehung jedoch bald ungewöhnlich warmherzig, vertrauensvoll und in theologischen und kirchlichen Fragen harmonisch. Vielleicht kann man obige Frage so beantworten, dass er manche Züge des Jesuitseins erst außerhalb des Ordens, in hoher kirchlicher Verantwortung zur Reife brachte – Gott führte ihn, und er ließ sich führen.

Argentinische Befreiungstheologie

Innerhalb der unterschiedlichen Strömungen der Befreiungstheologie unterscheidet man eine spezifisch argentinische;[38] Bergoglio war und ist mit ihren führenden Denkern vertraut oder befreundet, und ihr Ansatz scheint bei ihm immer wieder auf. Diese Theologie – oben beim Kirchenbild kam der Begriff schon vor – setzt beim »Volk« an, das sie aber nicht von der Nation, vom Staat oder gar von der Rasse her deutet, sondern als Gemeinschaft sieht. In Lateinamerika sind vor allem die Armen »Volk«, also eine Schicksalsgemeinschaft, die eine gemeinsame Kultur lebt und aus der Erfahrung, dass man einander braucht, ihre Identität zieht. Was die Armen haben, »ist ihre Kultur und ihre Religion sowie die Würde, Mensch zu sein und Volk zu sein«[39]. Indem das Volk erwacht und sein Schicksal in die Hand nimmt, wird es aktiv und zum Subjekt des Handelns – die Armen suchen Würde und Freiheit. Bergoglio spricht oft vom Volk Gottes: Alle Gläubigen gemeinsam, Laien wie Klerus, sind Volk Gottes. »Die Kirche ist das Volk Gottes auf dem Weg der Geschichte – mit seinen Freuden und Leiden.«[40] Die Volksfrömmigkeit spielt eine zentrale Rolle, sie ist die religiöse Kultur und Identität des *pueblo fiel*, des gläubigen Volkes. Dieses Volk, so der Impuls dieser Theologie, soll befreit werden: von politischer Unterdrückung und von wirtschaftlicher Ausbeutung, von kultureller Entfremdung und vom religiösen Dunkel.

Dialog und Kultur

Die 34. Generalkongregation des Ordens (1995) nahm die Option der 32. Generalkongregation für Glaube und Gerechtigkeit auf und vertiefte und ergänzte sie. Neben diesen beiden Schwerpunkten bekam die Sendung des Ordens zwei weitere: den Dialog mit anderen Religionen und die Inkulturation. Den Zusammenhang der vier Optionen beschreibt die 34. Generalkongregation: »Kein Dienst am *Glauben* ohne Förderung der Gerechtigkeit, Eintritt in Kulturen, Offenheit für andere religiöse Erfahrungen. Keine Förderung der *Gerechtigkeit*, ohne Glauben mitzuteilen, Kulturen umzuwandeln, mit anderen Traditionen zusammenzuarbeiten. Keine *Inkulturation*, ohne sich über den Glauben auszutauschen, mit anderen Traditionen in Dialog zu treten, sich einzusetzen für Gerechtigkeit. Kein *Dialog*, ohne den Glauben mit anderen zu teilen, Kulturen zu untersuchen, Sorge zu tragen für Gerechtigkeit.«[41]

Wie stand Kardinal Bergoglio und wie steht Papst Franziskus dazu? Als Bischof entwickelte er einen deutlich dialogischen Kommunikations- und Führungsstil; dazu später mehr. Bei den Partnern des Dialogs war und ist er offen: Kontakte pflegte er unter anderem mit Muslimen und mit Juden – seine persönliche Freundschaft mit einem Rabbi ist weltweit bekannt geworden. Seine Liebe zur Musik, zur Literatur, zum Kino und zur Malerei ist ebenfalls bekannt geworden;[42] mit Jorge Luis Borges war er persönlich bekannt. Eine Zeitlang unterrichtete er Literatur in einer Schule und brachte mit originellen Methoden die geistigen Reichtümer vor allem Argentiniens einer jungen Generation nahe. Kultur verbindet er mit Kreativität, also Schöpfertum – man ahmt den Schöpfer nach. Auf die Frage, ob Kreativität für das Leben eines Menschen wichtig ist, antwortet er: »Für einen Jesuiten ist sie extrem wichtig. Ein Jesuit muss kreativ sein.« Für den Papst weitet Kultur den Geist, und sie öffnet für geistige Werte. In diesem Sinn ist Kultur für ihn ein Mittel des jesuitischen *animas iuvare*, des »den Seelen helfen«, der Seelsorge. Kann man sagen, dass in diesen Anliegen Bergoglio sich schon deutlich jesuitisch zeigte, bevor der weltweite Orden sie sich ausdrücklich auf die Fahnen schrieb?

Einige Fragen: Bin ich vor allem gläubig und interessiere mich zu wenig für Politik und soziale Fragen? Oder kämpfe ich leidenschaftlich für Gerechtigkeit, und mein Glaube dümpelt nebenbei? Wie kann ich beides für mein Christsein besser integrieren? Suche ich den Dialog, auch mit fremden Kulturen und Religionen? Wo und wie werde ich für die Wirklichkeit der Menschen offen und christlich kreativ?

Exkurs:
Sich die Hände schmutzig machen

Ein Wort zum Verhalten des Provinzials Bergoglio während der Militärdiktatur Argentiniens darf in diesem Buch nicht fehlen. Viel ist darüber geschrieben, viel auch spekuliert worden, bisweilen mit der Absicht anzuklagen, bisweilen mit der zu verteidigen. Was an Fakten und Aussagen bekannt ist, wurde mehrfach zusammengetragen;[43] ich wiederhole dies nicht, kann auch nichts Neues ergänzen oder neu urteilen. Wie kann man sich aus ignatianischer Sicht dieser schwierigen Geschichte nähern? Was sagt sie über den Papst, was über unseren Glauben?
Vor dem Militärputsch war blutiger Bürgerkrieg. Mit Bergoglio hatten viele Kirchenvertreter Angst – teilweise sicher zu Recht – vor marxistischen, atheistischen und kirchenfeindlichen Umtrieben. Sie hielten eher zur Rechten, denn diese hielt Ordnung, Nation, traditionelle Werte, die Kirche hoch. Nach Jahren des Chaos ließ der Putsch von 1976 viele Menschen aufatmen, und man hoffte auf Rückkehr zur Ordnung.[44] Die vorherige Nähe der Kirche zum Militär blieb bestehen. Doch das Klima blieb gewalttätig und korrupt, voller Lüge. Was ist in einem korrupten System Wahrheit? Wem kann man trauen? Vielen Kirchenoberen schien es klüger zu sein, sich nahe am Militärregime zu halten, um nicht auch – wie sie dachten – ausgemerzt zu werden, um Verfolgten doch noch helfen zu können, um Schlimmeres zu verhindern ... Diese Argumentation kann aus platter Feigheit und aus Opportunismus kommen – oder hat sie

bisweilen doch recht? Hier zeigt sich ein grundsätzliches Dilemma der Kirche in allen Diktaturen der Weltgeschichte.
Die Jesuiten Francisco Jalics und Orlando Yorio lebten in einem Slum und arbeiteten für Arme. Der Verdacht, dass sie mit der linken Guerilla sympathisierten, lag in der aufgeheizten Situation nahe. Den Militärs waren sie ein Dorn im Auge, und ihr Leben war stark gefährdet. Provinzial Bergoglio berief sie zurück – aber sie wollten ihre Sendung zu den Armen nicht verraten. Wollte Bergoglio sie vor allem schützen, oder gab es noch andere Motive? Vermutlich war seine Kommunikation mit ihnen nicht gut, und er sah ihre Weigerung, den Slum zu verlassen, vor allem als Gehorsamsproblem. Konnten die beiden aber so weiterhin im Orden bleiben? Über sein Vorgehen und die Ereignisse ist einiges unklar, die Zeugnisse widersprechen sich. Welche Rolle spielte er bei ihrer Verhaftung? Klar ist, dass Bergoglio sich nach ihrer Verschleppung durch das Militär – fünf Monate lang wurden sie in einem berüchtigten Gefängnis gefoltert und konnten täglich ermordet werden – intensiv um ihre Freilassung bemühte, auch mit unkonventionellen und riskanten Methoden. Ebenso bemühte er sich um hunderte andere Verfolgte. Die beiden Jesuiten wurden später freigelassen und gingen ins Ausland. Yorio trat aus dem Orden aus und starb, wohl unversöhnt. Jalics lebt heute in Deutschland und sagt, er sei mit Bergoglio versöhnt. Wer sich als versöhnt erklärt, hatte – so der Rückschluss – etwas zu versöhnen. Der alte Vorwurf, dass der Provinzial sich falsch verhielt, ist also nicht endgültig ausgeräumt; aufzuklären ist er nicht mehr. Berührend ist, wie Jalics später mehrfach dem Kardinal und Papst begegnete und die beiden

ihre Versöhnung mit einer Eucharistiefeier und Umarmung beschlossen.
Wer in einer Diktatur kirchliche – und damit politische – Verantwortung übernimmt, muss politisch handeln. In einem Lügensystem kann aber jede Geste und jedes Wort verdreht oder falsch ausgelegt werden, und jede Tat kann, durch Lüge missdeutet, eine andere Wirkung haben als beabsichtigt und so zur Untat werden. Kommunikativ die Wirkung festzuschreiben oder, falls sie misslang, sie später zu korrigieren, geht meistens nicht. Was man tut, ist oft falsch; nichts zu tun, ist jedoch mindestens genauso falsch. Auf Recht und Gerechtigkeit zu setzen, geht überhaupt nicht. In dieser hoch ambivalenten Situation musste der junge und unerfahrene Provinzial agieren. Nicht einmal gute Beratung ist im polarisierten und vergifteten Klima sicher. In unserer mitteleuropäischen, vergleichsweise sicheren Situation können wir uns diese Probleme kaum vorstellen, und vor schnellen Urteilen sollten wir uns hüten.
Wer in einem bösen System oder allgemeiner in der verdorbenen Welt Verantwortung übernimmt, muss sich die Hände schmutzig machen. Er muss agieren, muss das Risiko folgenreicher Fehler eingehen, muss – unvermeidbar? – Fehler machen und diese akzeptieren, muss sich schuldig machen. Wer viel macht, macht viel falsch und wird zum Sünder; wer das vermeiden will und nichts macht, sündigt ebenfalls, durch Unterlassung. Doch wer fehlt, muss – nein: er darf sich vergeben lassen. Dies ist christliches Weltengagement, dies ist inkarnierter Glaube, dies ist ignatianisch gedeutete Lebenserfahrung.
Zu den damaligen Vorgängen und zu Vorwürfen äußert sich der Papst kaum. Gewiss ist seine Zurück-

haltung klug, denn vieles wird, wegen der damaligen Lügensituation und der dadurch gestörten Wahrnehmung der Beteiligten, nicht mehr zu klären sein. Außerdem würde ihm jede Äußerung, wenn er sein gutes Handeln aufzeigt, als zu defensiv, und wenn er Fehler einräumt, als peinliche Selbstanklage ausgelegt. Die Zeugnisse über ihn bleiben widersprüchlich und unklar. Kein Vorwurf ist gesichert, keiner ist ganz widerlegbar. Den Papst kann man nicht einfach reinwaschen, ihn aber auch nicht einfach beschuldigen. Doch wiederum gilt: Mit Ambivalenzen zu leben, ist keineswegs einfach unerlöst, sondern es ist oft christlich und eben inkarniert, spirituell.

Die Öffentlichkeit giert nach Konflikten, Skandalen, »Sünden«. Die Medien versuchen, dieses Bedürfnis zu bedienen, denn sie leben davon und haben – zu Recht – den Auftrag aufzuklären. Aber sie verstehen kaum, wie man mit Dunkelheit leben und dennoch versöhnt sein kann. Die Hände waren von der Arbeit schmutzig, ja blutig; jetzt sind sie gereinigt und heil, doch sie bleiben vernarbt von der harten Arbeit. Da ist Schuld, aber die Schuld ist vergeben. Man erinnert sich an die Schuld, aber sie wird nicht aufgerührt. Man hat gelernt aus Fehlern und handelt jetzt anders. Man lebt versöhnt und frei und engagiert sich neu gegen das Böse und für das Reich Gottes. Ein Wissen um das Böse und ein abgründiges Betrauern bleiben, aber zugleich lebt man in Freude.

5. In Gemeinschaft

Das Motiv mag überraschen, denn Jesuiten gelten als Einzelkämpfer, und ignatianische Spiritualität hat den Ruf, individualistisch zu sein. Und doch: Papst Franziskus lebt aus Gemeinschaft, er sucht sie, ja er braucht sie. Als Kardinal fuhr er in die Slums, um dort den Menschen zu begegnen. Als Papst wollte er nicht allein im großen, leeren Palast wohnen, sondern im Gästehaus, in dem er täglich vielen Menschen begegnet, und das oft ungeplant. Berühmt ist er für seine überraschenden Telefonate: Der Papst ruft alte und neue Bekannte an, um mit ihnen zu sprechen – er nutzt dieses Mittel der einfachen und kurzen, aber intensiven Kommunikation. Bei Audienzen und öffentlichen Ereignissen beharrt er, auch gegen das Protokoll, auf langen Rundfahrten im offenen Wagen quer durch die Menschenmenge. Auf Reisen legt er zusätzliche Halte ein oder macht spontane Besuche, etwa in örtlichen Jesuitenkommunitäten. In jeder Begegnung strahlt er überbordende Herzlichkeit und Lebensfreude aus, die die Menschen anrühren und begeistern.

Gab es auch in seinem Beziehungsverhalten eine Entwicklung? Nach seiner Selbstbeschreibung und nach Zeugnissen anderer agierte er als Jesuitenprovinzial doch eher einzelgängerisch und autokratisch, und erst später entwickelte er sich zu dem Beziehungsmenschen, den wir heute als Papst erleben. Doch mit schnellen Urteilen sollte man sich zurückhalten: Ein Jesuitenprovinzial ist ständig im persönlichen Gespräch mit seinen Mitbrüdern, und er diskutiert alle

Entscheidungen ausführlich in seinem »Konsult«, einem fest installierten Beratungsgremium. Bergoglio war also schon immer eingebettet in Strukturen intensiver Kommunikation, und selbstverständlich wird er diese zu nutzen gewusst haben. Und doch dürfen wir annehmen, dass er sich – wie wohl die meisten Zeitgenossen – über die Jahrzehnte kommunikativ entwickelt hat und eben offener, dialogischer, hörender, angstfreier geworden ist. Tiefe Freundschaften zu unterschiedlichen Menschen lebte er immer; im Papstamt wird es ihm schwerer fallen, diese unkompliziert und auf Augenhöhe weiterzuführen, doch auch hier ist ihm mehr zuzutrauen, als der einfache Beobachter wahrnehmen kann.

Kommunizieren und begegnen

»Die Liebe besteht in Mitteilung von beiden Seiten her (span. *el amor consiste en comunicación de las dos partes*): nämlich darin, dass der Liebende dem Geliebten gibt und mitteilt, was er hat, oder von dem, was er hat oder kann; und genauso umgekehrt der Geliebte dem Liebenden« (EB 231). In diesem berühmten Wort sagt Ignatius, dass die Liebe – Ziel jedes Exerzitienwegs und Gehalt jeder christlichen Existenz! – individuell gar nicht lebbar ist, sondern nur in Gemeinschaft, da sie Kommunikation mit anderen und Austausch *ist*. Nur über das Du kommt das Ich zur Reife, nur im Geben und Empfangen verwirklicht sich christliches Dasein – in der Beziehung mit Gott und ebenso und gleichwertig unter uns Menschen. Ignatianische Spiritualität ist daher zutiefst gemeinschaftlich; alles andere wäre eine Deformation. Wer gemeinschaftlich lebt, wird aber nicht einfach bedingungslos im Anderen aufgehen oder sich in ihm verlieren, sondern er wird immer die rechte Balance zwischen Nähe und Distanz suchen: mit viel Begegnung und Austausch (*comunicación*), ja mit Intimität – und zugleich mit viel Rückzug und Schweigen und mit ignatianischer Klugheit (*discreción*): diese meint zum einen Verschwiegenheit in persönlichen Dingen, zum anderen die Gabe der Unterscheidung, was recht ist vor Gott und wie man kommuniziert und handelt. Papst Franziskus lebt beides intensiv: die *comunicación* und die *discreción*.

Gemeinschaft zu leben ist für Papst Franziskus jedoch nicht nur ein Anliegen des privaten und spirituellen Miteinanders, sondern es gehört auch in das öffentliche und gesellschaftliche Leben: Immer wieder spricht er von der »Kultur der Begegnung«[45]. Für Argentinien beklagt er, dass die Bürger unfähig seien, gemeinsam zu handeln; sie seien »sektiererisch veranlagt«, deswegen kümmerten sie sich »nur um den eigenen Laden«. Er schreibt: »Uns fehlt sehr die Begegnung; wir neigen viel mehr dazu, das zu betonen, was uns trennt, statt das, was uns verbindet; wir neigen dazu, den Konflikt zu verschärfen, anstatt uns zu verständigen«. Ohne eine Kultur der Begegnung wird das Land untergehen: »Die totalitären Entwürfe des letzten Jahrhunderts – sei es der Faschismus, der Nazismus, der Kommunismus oder der Liberalismus – sind auf Vereinzelung aus … Die größte menschliche Herausforderung besteht in der organischen Vereinigung. So atomisiert beispielsweise der wilde Kapitalismus das Wirtschaftliche und das Soziale, während doch die Herausforderung für eine Gesellschaft im Gegenteil darin besteht, wie sie Bande der Solidarität herstellen kann.« Wie »geht« die Kultur der Begegnung? Bergoglio spricht von der Haltung der Offenheit und des Hörens, ohne Vorurteile – davon gebe es viele in Argentinien –, ohne Menschen abzustempeln. Jeder hat etwas zu geben, auch wenn er andere Vorstellungen hat, auch wenn er Atheist ist. Die Unfähigkeit zur Begegnung gehört für ihn »in den Bereich wirklicher Pathologie«. Was Bergoglio hier für Argentinien formuliert: Gilt es nicht, angepasst auf Situationen und Kulturen, für viele oder gar für alle Gesellschaften und Länder? Werden nicht derzeit auf der ganzen Welt viele traditionell solidarische Kulturen im ökonomischen Fortschritt wirtschaftlich und sozial »atomisiert«? Könnte nicht der ignatianische oder einfach christliche Ansatz, dass jedes menschliche Miteinander eben Austausch ist – jeder gibt, was er hat und ist, und empfängt, was andere ihm geben –, den Weg zu einer deutlicher solidarischen und gerechten Gesellschaft weisen?

Solist oder Teamplayer?

Ist Papst Franziskus nun ein jesuitischer Einzelkämpfer oder nicht? Einerseits lebt er Nähe und Begegnung, viele Stunden am Tag und mit Tausenden von Menschen, andererseits zieht er sich zurück, lebt Stille und Einsamkeit; die Morgen- und die Abendstunden gehören ganz ihm allein – und seinem Gott! Um Gott zu begegnen, braucht es Nähe *und* Ferne zu den Menschen, Einsamkeit *und* Begegnung. Der geistliche Mensch ist zum einen ganz allein und einsam mit seinem Gott, zum anderen intensiv mit anderen Menschen in Gott verbunden; die ersten Jesuiten bezeichneten ihre Gemeinschaft als »Freunde im Herrn«. Das Paradox ist nicht auflösbar: Im Innern ist jeder vor

Gott ganz individuell da, mit innersten Gefühlen und Gedanken, Kämpfen und Hoffnungen, und zugleich ist er intensiv verbunden mit Menschen und geprägt und geformt durch sie. Eine letzte Lebenseinsamkeit ist nie überwindbar, außer – wenn man die Gnade des Gebets wirklich erhält – mit Gott; zugleich tragen jedoch menschliche Bindungen alles durch, und ohne sie würden wir seelisch verkümmern. Die Kämpfe des Lebens sind etwas Inneres und Einsames, zugleich sind manche Menschen zu konkreten und äußeren Kämpfen gefordert, denen sie sich allein *und* gemeinsam mit anderen zu stellen haben. Papst Franziskus ist – ganz und gar jesuitisch – sicher ein einsamer Mann, ja Einzelkämpfer, zugleich ist er ein Mensch der Beziehung, der Gemeinschaft, ja der Kirche. Seine Kämpfe führt er als Solist, also ganz allein, und zugleich als Teamplayer, also in der Kirche und mit ihr und für sie. Macht ihn das hohe Führungsamt nochmals einsamer? Darauf ist im nächsten Kapitel einzugehen.

Mit Blick auf Papst Franziskus können wir uns fragen: Wie gestalte ich meine Beziehungen – mit genügender *comunicación* und mit genügender *discreción*? Freudig und zugewandt? Kann ich allein sein, und suche ich mit mir selbst zu leben und mit meinem Gott? Wie lebe ich Leere und Einsamkeit? Sage ich Ja zu dem mir zugedachten Kampf, den ich allein und/oder mit anderen, im Inneren und/oder im Äußeren zu führen habe? Lasse ich mich beraten, mir helfen? Berate ich andere, helfe ich? Kann ich geben, ohne zu zählen, und empfangen ohne schlechtes Gewissen?

6. Ignatianisch leiten

Ist Papst Franziskus ein Machtmensch? Bisweilen wird ihm dies vorgeworfen. Was könnte dieser Begriff bedeuten? Macht ist die Fähigkeit, gegen Widerstände etwas durchzusetzen. Wer führt, braucht in gewissem Maß Macht, denn er muss Gutes durchsetzen gegen widerstrebende Kräfte – die immer und überall am Werk sind; er muss egoistische und partikularistische Strebungen einbinden in das größere Ganze, für das er die Verantwortung hat. Selbstverständlich kann Macht missbraucht werden, um eben wiederum egoistische und partikulare Interessen gegen das Ganze oder gegen andere partikulare Interessen durchzusetzen. Aber nicht der Missbrauch ist der Maßstab für den Gebrauch: Ein guter Gebrauch von Macht, der – theologisch gesprochen – das Reich Gottes aufbauen will, also Liebe und Vertrauen, Gerechtigkeit und Friede für alle Menschen, ist demjenigen erlaubt, ja sogar geboten, der Verantwortung hat für ein Ganzes. Ignatianische Spiritualität bejaht ausdrücklich auch »weltliche« Mittel, um geistliche Ziele durchzusetzen; oder genauer: Sie trennt nicht mehr zwischen weltlichen und geistlichen Mitteln. Alles kann helfen, Böses zu bekämpfen und Gutes durchzusetzen; Macht ist in dieser Aktion nicht aus-, sondern eingeschlossen.[46] Ein »Machtmensch« ist jemand, der bewusst Macht an sich zieht und ausübt. Da wir im Alltag eher von Machtmissbrauch ausgehen, enthält dieser Begriff im normalen Sprachgebrauch einen Vorwurf. Wenn wir jedoch theologisch und spirituell Macht als legitime Möglichkeit sehen, Gutes zu tun, wird der »Machtmensch« jemand sein, der nur seine Verantwortung zum Guten hin ernst nimmt. In diesem Sinn ist Papst Franziskus ein Machtmensch. Beispielsweise ist er sehr geschickt in der Personalpolitik, indem er unfähige oder seinen Zielen entgegenarbeitende Kurienmitarbeiter entlässt und vertrauenswürdige und bessere Mitarbeiter einsetzt; oder im Umgang mit Finanzen, indem er die korrupte Vatikanbank nach ethischen Kriterien umbauen und besser kontrollieren lässt. Wichtig ist, dass der Papst seine Aufmerksamkeit sowohl auf Personen als auch auf »Strukturen« richtet: Nur in dieser doppelten Aufmerksamkeit kann Führung gelingen. In beidem braucht es Vertrauen und die rechte Kommunikation. Nur im Zusammenspiel beider arbeiten Institutionen sachgerecht und auf die ihnen vorgegebenen Ziele hin. Ja, ein Machtmensch zieht Macht an sich und übt sie zum Wohl des Ganzen aus.

Die Macht des Wortes

Die institutionelle Macht eines Papstes ist aber gering – obwohl die Kirche, staatstheoretisch gesehen, eine absolute Monarchie ist. Der Papst hat keine wirtschaftliche Macht, keine Polizei und – wie schon Stalin spöttisch bemerkte – keine »Divisionen«. Seine eigentliche »Macht« liegt vor allem im Wort: Durch Reden kann er Menschen bewegen. Durch Worte übt der Papst Einfluss aus, in die Kirche hinein und weit über die Kirche hinaus als eine Art moralische Instanz oder Weltgewissen, das gesucht, gehört und respektiert wird. Wird ihm auch gefolgt? Hier liegen Macht und Ohnmacht des Wortes sehr nahe beieinander. Beispielsweise lud Papst Franziskus während seiner

Heilig-Land-Reise den israelischen Präsidenten Peres und den Palästinenser-Präsidenten Abbas in den Vatikan zum Friedensgebet ein; beide folgten der Einladung, das Gebet fand mit weltweiter Aufmerksamkeit statt, aber im Nahen Osten eskalierte kurze Zeit später der Krieg. Andererseits führte das persönliche diplomatische Engagement des Papstes dazu, dass Kuba und die USA sich annäherten. Die Macht des Wortes ist eine charismatische Macht, also im wörtlichen Sinn eine Gnadengabe des Geistes, die nur dann und nur dort gelingt, wo Er es will. Um Gutes zu wirken oder – wo er ohnmächtig ist – wirken zu lassen, muss der Machtmensch zum Beter werden. Papst Franziskus ist beides.

Alle Rede des Papstes ist auch Predigt. In »Evangelium gaudii« schreibt er ausführlich über das Predigen[47] und damit über die Macht des Wortes. In diesem für ein päpstliches Lehrschreiben recht ungewöhnlichen Text erklärt er, wie der Prediger sich vorbereiten muss: Er muss den auszulegenden Bibeltext selbst betrachten, ihn sich zu Herzen gehen lassen, ihn auf sein eigenes Leben anwenden; das klingt sehr nach einer ignatianischen Schriftbetrachtung, die genau diese Ziele hat. Sodann »hat der Prediger die sehr schöne und schwierige Aufgabe, die Herzen, die sich lieben, zu vereinigen: das des Herrn und die seines Volkes«. Er ist also Mittler zwischen Gott und dem Volk und soll, was Gott im Herzen will, in die Herzen der Menschen einsenken – so wie eine Mutter zu ihrem Kind spricht. Nach der klassischen Lehre hat die Predigt drei Ziele: *placere*, *instruere* und *movere*; sie soll *gefallen*, also Neugier und Freude erregen, sie soll *unterweisen*, also Erkenntnis vermitteln, und sie soll *bewegen*, also das Herz berühren. Diese Lehre kommt aus dem humanistischen Bildungsideal; die ersten Jesuiten übernahmen sie und setzten sie in Predigt und Seelsorge um. In seinem Schreiben folgt Papst Franziskus diesem Ideal, allerdings mit eigenen Worten, und er legt den größeren Akzent auf das *movere*: Das Gefallen und das Unterweisen sind wohl eher hinführende Schritte, das Bewegen ist das eigentliche Ziel. Nur wer das Herz erreicht – »Herz« kommt in seinem Text häufig vor –, bewegt etwas im Hörer, verändert nachhaltig ein Bewusstsein und bewirkt neues und anderes Handeln. Und er zitiert einen »alten Lehrer«: Eine gute Predigt muss »eine Idee, ein Gefühl und ein Bild enthalten«. In seinem so machtvollen Predigen zeigt sich der Papst als Leiter und Führer der Kirche.

Aus dem Unterscheiden lernen

Wer leitet, muss viel entscheiden. Aus der Spiritualität der Exerzitien kann Papst Franziskus hier vieles schöpfen: dass man die Wirklichkeit genau und nüchtern wahrnehmen muss; dass man hinhören und sich gut beraten lassen muss; dass man über schwierige Fragen beten soll; dass man das rechte Zeitmaß für Prozesse braucht, also Entscheidungen weder überstürzt noch verschleppt; dass man in einer guten Unterscheidung die Geister erkennen muss, die guten, um ihnen zu folgen, die bösen, um sie zurückzuweisen; dass man mit Mitarbeitern vertrauensvoll und ehrlich kommunizieren muss; dass das Mittel nicht zum Ziel zu machen, sondern auf das Ziel hin auszuwählen ist; dass man in Krise und Verwirrung mit dem Entscheiden besser wartet; dass man Entscheidungen nach dem größeren Gut zu fällen hat; dass jede Wahl einer Option die oft schmerzhafte Absage an andere Optionen beinhaltet; dass der Entscheider sich bisweilen unbeliebt macht und Widerstand auszuhalten hat; dass Entscheidungen auf Nachhaltigkeit angelegt sein sollen und sich bewähren müssen. Papst Franziskus erwies sich in diesen Dingen – das zeigt seine Biographie – als lernfähig, und dies ist wohl das wichtigste Kriterium für Führungsqualität. Er lernte an der Realität, aus der Erfahrung, im Gespräch, im Gebet.

Seine Mahnreden an die Kurie, den Klerus und die Kirche sind legendär.[48] Sie geißeln vor allem – wenn man das zusammenfassen darf – den krankhaften Narzissmus der Amtsträger: ihre Eitelkeit, ihr Machtstreben, ihre Fixierung auf interne Fragen, ihre Sucht nach Schönheit, nach Gefallen, nach Karriere, nach Wohlstand. Das kleine Ich will ein großes Ich werden und mächtig und reich, schön und wichtig sein. Es ist verliebt in sich selbst, bläst sich auf, wertet andere ab, vergisst Gott; sein Empfinden, Denken und Handeln wird immer selbstbezogener. Die narzisstische Falle ist für Papst Franziskus die Wurzel sehr vielen Übels in der Kirche. Das jesuitische Führungsideal stellt hingegen – gleichsam als anti-narzisstisches Programm – ganz andere Werte ins Zentrum. Ignatius formuliert sie in seinen Ordenssatzungen für den Generaloberen der Jesuiten so: Er sei »sehr mit Gott unserem Herrn verbunden und mit ihm im Gebet und in all seinen Handlungen vertraut.« In allen Tugenden, insbesondere in der Liebe zum Nächsten und in wahrer Demut, sei er für alle ein Vorbild. Geradheit und Strenge soll er mit Güte und Milde verbinden. Von dem, wovon er meint, dass es Gott gefalle, soll er sich nicht abbringen lassen und dennoch das Mitgefühl mit denen, gegen die er entscheidet, bewahren. Er braucht

Großmut und Tapferkeit des Herzens, um die Schwächen vieler zu ertragen. Er muss über den Dingen stehen, ohne sich in den glücklichen emporheben oder in den widrigen entmutigen zu lassen …[49]

Hohe Führungsämter bergen – wie schon angedeutet – Einsamkeit in sich. Wem kann der Papst vertrauen? Jeder ist ihm untergeben, also von ihm abhängig; Beziehungen »auf Augenhöhe« kann es im Grunde nicht geben. Papst Franziskus wurde an die Spitze einer in Teilen deutlich korrupten Kurie gestellt: Die Vatileaks-Affäre zeigte dies schlaglichtartig, die Abgründe der Vatikanbank offenbarten es noch tiefer. Hier musste er »aufräumen«, ein undankbares Geschäft, weil man an Pfründen rührt und sich damit Feinde schafft; nach dem Führungsvakuum vorher musste er Macher sein und Machtmensch. Macht ihn dies nochmals einsamer? Muss er Feindschaft in Kauf nehmen, auch Polarisierung, vielleicht Spaltung? Es gibt konservative Kräfte, eben die Profiteure des früheren Geistes, die in Opposition zu ihm gehen; grollend halten sie sich – so hört man – im Hintergrund, aber manche warten nur darauf, dass der nächste Papst das Rad zurückdrehen wird. Gehört es zum Auftrag dieses charismatischen Papstes, eine gewisse Einsamkeit und einige strenge *Scheidungen* – das Wort ist besser als »Polarisierung« oder gar »Spaltung« – zu ertragen und durchzutragen? Ist das nochmals ein ganz und gar jesuitischer Auftrag, der dann doch dem Heil der Kirche und der Menschheit dienen wird?

7. Das Modell des Peter Faber

Im Dezember 2013 sprach Papst Franziskus einen Jesuiten heilig, der in der Anfangszeit des Ordens gelebt hatte und bis dahin wenig bekannt war: Peter Faber. Teilweise übersprang der Papst die üblichen Verfahren der Heiligsprechung, was zeigt, wie sehr er Peter Faber schätzt und wie dringend ihm das Anliegen war. Offensichtlich ist Peter Faber für ihn ein besonderes Vorbild als Jesuit und Seelsorger, als Mann des Gebets und Mann der Kirche. Wer ist dieser Peter Faber?[50]

Pierre Favre – so die französische Namensform – wurde 1506 in einer Bauernfamilie in Le Villaret (Savoyen) geboren. Er wuchs in einer volkstümlichen und sehr tiefen Frömmigkeit auf. Früh fielen seine spirituellen Neigungen und seine hohe Intelligenz auf. Er wurde auf eine Lateinschule geschickt und studierte anschließend in Paris Philosophie und Theologie. Im Collège Sainte-Barbe hatte er als Zimmergenossen Franz Xaver und Ignatius von Loyola. Von Letzterem tief geprägt, machte er Exerzitien und gründete mit ihm und Franz Xaver einen schnell wachsenden Freundeskreis. 1534 zum Priester geweiht, zelebrierte er die Messe, in der am 15. August 1534 sieben Freunde – außer ihm war noch niemand Priester – ein Gelübde ablegten, das 1540 zur Gründung des Jesuitenordens führte. Angekommen in Rom, wurde Peter Faber sehr bald, ab 1539, vom Papst und später auch von seinem Oberen Ignatius ausgesandt: zunächst nach Parma, später nach Worms und Regensburg, Mainz und Köln, dann nach Spanien, zuletzt zum Konzil von Trient. Er führte Religionsgespräche mit Anhängern der Reformation, hatte diplomatische Aufträge, war aber vor allem vielfältig als Prediger und Exerzitienleiter tätig. Oft war er nur kurz an einem Ort und erhielt sogleich einen neuen Auftrag. Das rastlose Arbeiten und die Reisen quer durch Europa – meist zu Fuß – erschöpften ihn so sehr, dass er bei einem Zwischenhalt in Rom 1546 starb; er war nur 40 Jahre alt geworden. Beratend am Konzil von Trient teilnehmen, wie es vorgesehen war, konnte er nicht mehr.

Die notwendige Reform der Kirche sah Peter Faber weniger als theologisches, sondern als pastorales Problem. Daher suchte er weniger mit »Gegnern« zu disputieren, sondern engagierte sich für eine solide innere Reform der katholischen Kirche. Über Seelsorge, vor allem über Seelsorge an Seelsorgern, die glaubwürdig den Glauben vorleben sollten, suchte er die Menschen zu »bekehren«. Er selbst hatte zweifellos eine starke mystische Anlage, sein geistliches Tagebuch (»Memoriale«) schreibt er aus intensiver Gebetserfahrung. Seine Persönlichkeit wird als eher zurückhaltend, fast schüchtern, aber immer als sehr aufmerksam geschildert. Er neigte auch zu Selbstzweifeln, zu Skrupeln und zu depressiven Zuständen und Ängsten. Er berichtet selbst, dass er stark die Fehler anderer beobachte, sie verdächtige und verurteile. Dahinter stehen wohl – in heutiger Deutung – Gefühle von Minderwertigkeit, auch Perfektionismus und Überverantwortlichkeit. Seine Gestalt ist komplex und schwer fassbar, trifft sich aber in einigen Zügen überraschend mit modernem Lebensgefühl.

Weisen des Vorangehens

Im Interview, das er im August 2013 mehreren Jesuitenzeitschriften gab, nennt Papst Franziskus sieben Gaben und Vorangehensweisen Peter Fabers, die er besonders schätzt und heute der Kirche wünscht.[51] Ich deute sie jeweils ein wenig aus:

- »*Der Dialog mit allen, auch mit den Fernstehenden und Gegnern.*« Papst Franziskus hat erfahren, wie man verunglimpft werden kann, von ganz verschiedenen Lagern her. Er weiß, wie dringlich und aktuell die scheinbar harmlose und selbstverständliche Maxime Fabers auch im Zeitalter der Aufklärung, der Ökumene und der Toleranz ist. Anders Denkende und Empfindende nicht zu verachten oder sie ideologisch abzuwerten, sondern sie zu respektieren und wertzuschätzen, auf sie zu hören mit der geduldigen Bereitschaft zum gegenseitigen Lernen ist in Zeiten der superschnellen Kommunikation und der schnellen und ständigen Erregung ein bleibendes Lernfeld. Kommunikation und Dialog sind seit der Gründung zentrale Anliegen der Jesuiten.
- »*Schlichte Frömmigkeit.*« An geistlichem Tiefgang, an innerem Ruhen in Gott, am Blick für das Wesentliche fehlte es im Umbruch des 16. Jahrhunderts allenthalben. In unseren hektischen Zeitläuften gilt dies verstärkt. Und »schlicht« ist eine Frömmigkeit, die Unwichtiges zu relativieren weiß und aus dem Zentrum lebt: dem einfachen Blick auf den liebenden und vergebenden Gott. Darauf antwortend, gibt sich der schlicht Fromme vorbehaltlos hin, mit weitem Herzen, ohne zu rechnen, angstfrei.
- »*Vielleicht eine gewisse Naivität.*« Im modernen Management zählt der funktionale, zielorientierte, stra-

tegisch denkende, auch coole, ja abgebrühte Macher. Ständige Evaluationen prüfen Ergebnisse und optimieren Prozesse. In der überorganisierten und überreflektierten deutschen Kirche braucht es jedoch spontane Begeisterung und eine gelegentlich blauäugige Kreativität, die – manchmal gegen alle McKinseys und ebenso gegen die Gralshüter der reinen Lehre – Neues wagt.

- »*Die unmittelbare Verfügbarkeit.*« Disponibilität ist eine sehr jesuitische Tugend: Der Jünger Jesu lässt sich senden, jederzeit, an jeden Ort, in immer wieder andere Aufgaben. Peter Faber hat dieses Ideal vielleicht zu streng gelebt oder leben müssen, bis zum vorzeitigen Tod durch Erschöpfung. Und doch machte seine radikale Verfügbarkeit und Hingabe auf die Menschen einen gewaltigen, vielleicht schockartigen Eindruck; dieser Schock veränderte, ja »reformierte« manchen Christen von innen her.
- »*Aufmerksame innere Unterscheidung.*« Diese ebenfalls ignatianische Gabe meint, dass Peter Faber ein hohes Gespür für seine Regungen, also Gefühle, Antriebe, Sehnsüchte, innere und äußere Stimmen, auch Ängste, Widerstände usw., entwickelte und lernte, diese zu unterscheiden, d.h. zu sehen, welche Regung von einem guten, heiligen Geist stammt und welche von einem ungeordneten, ins Negative führenden Abergeist. Über inneres Spüren sah er, was zu tun und was zu lassen ist – und mit Entschlossenheit folgte er der als gut erkannten Richtung. Nicht psychologischer Feinschliff oder strategisches Kalkül geben die Richtung an, sondern ein in tiefer Gebetserfahrung wachsendes Hören auf den Geist, und dies mit Nüchternheit und Vernunft, mit Ehrlichkeit und Selbstlosigkeit,

mit Sensibilität und mit Mut zum Widerständigen. In Zeiten großen Stimmengewirrs – damals wie heute – braucht es diese geistliche Gabe, um die Kirche voranzubringen und zu führen.

- »*Ein Mann großer und starker Entscheidungen.*« Peter Faber lebte in einer Wende-Zeit. Wie Papst Franziskus aus kleinen Verhältnissen stammend, verkehrte er furchtlos mit den Mächtigen seiner Zeit, er packte Herausforderungen an, und er sagte Wahres ohne Angst, auch wenn es nicht immer und nicht allen gefiel. Zum einen blieb er katholisch in einer Zeit, in der sich ganze Landstriche von der als veraltet und dekadent erlebten katholischen Kirche abwandten, zum anderen sah er ihren erschreckenden Reformstau und ließ sich in seinem heiligen Reformeifer bedingungslos in spirituell wüste Landschaften senden.
- »*Zugleich fähig, so sanftmütig, so sanftmütig zu sein.*« Das Wort des Papstes ist ein wenig rätselhaft: Was meint ein zweimaliges »sanftmütig« (ital. *dolce*) – und zwar für einen Jesuiten? Das »Zugleich« verweist auf den Gegensatz zum vorigen Wort: Der sanftmütige Peter Faber konnte also seine »großen und starken Entscheidungen« je nach Situation zurückstellen und stattdessen empathisch zuhören, d.h. warten, Gefühle zulassen, innere oder äußere Prozesse geschehen und den Geist wirken lassen, dabei zugewandt und aufmerksam, wertschätzend und zart (*dolce*), mit viel Gespür, gewaltfrei, einfach einladend den Menschen begegnen. Fremd waren ihm das Autoritäre und Herablassende, das Besserwisserische und Belehrende, das Ausgrenzende und das Manipulative. Das »Zugleich« des Papstes deutet dabei die hohe Kunst an, zu erspüren, wann die star-

ke Entscheidung und wann das zarte Zulassen angemessen ist.

Papst Franziskus wird mit Peter Faber – auf eine indirekte und feinsinnige, also (hoffentlich) jesuitische Weise – sich selbst beschreiben oder, besser, das Ideal, das er von sich und seinem Leben und Wirken hat. Es ist das Ideal eines ignatianisch geprägten Christen, der den Auftrag, der ihm von Gott gestellt ist, annimmt und mit allen Kräften umsetzt. »Ideal« meint nicht den perfekten Menschen, den es irdisch nie geben wird; bei Peter Faber wie beim Papst meint es den schwachen, ja brüchigen Menschen, der sich in den Abgrund Gottes wirft, sich von seiner Gnade durchdringen und senden lässt und genau das, aber auch nur das macht, was ihm gegeben und möglich ist.

8. Wird die Kirche jesuitisch?

Unter Papst Franziskus wird der Prunk weniger, aber die Katechese und die Sakramente werden wichtiger. Das Dogma und die prächtige Liturgie treten zurück, aber die Schrift und ihre Mahnung an Lebensführung und Sendung der Christen bekommen einen neuen Stellenwert. Als Führungskräfte der Kirche – Bischöfe und Kardinäle – werden weniger die geschliffenen Diplomaten, die feinsinnigen Ästheten, die machtbewussten »Herren« ausgesucht, sondern eher die Hirten: Volksnah und sorgend, hörend und demütig sind sie, und sie nehmen den Geruch der Herde an. Die Priester sollen Seelsorger sein und Apostel, und sie sollen an Grenzen und über Grenzen hinaus zu allen Menschen gehen, besonders zu den Fernen und Verlorenen. Die Kirche setzt sich leidenschaftlich für Gerechtigkeit und Frieden ein, mit den Mitteln der Rede und der Diplomatie, aber auch durch Symbolhandlungen – und durch Gebet. Die Kirche ist weniger europäisch, sie wird stärker international, global, multikulturell, dialogisch sein. Ein Ordensmann leitet die Kirche; modellhaft lebt er die evangelischen Räte Armut, Keuschheit und Gehorsam, und er lebt die völlige Hingabe an seine Berufung und seinen Dienst. All das ist ignatianisch und jesuitisch.

Wird die Kirche dadurch jesuitischer? Diese Frage ist im Grunde unwichtig. Die Kirche wird biblischer. Sie geht damit – so die Überzeugung von Millionen Christen – einen großen Schritt nach vorne, hin zu dem, was der Herr von ihr will. Die Kirche des Mittelalters war im 16. Jahrhundert, zu Beginn der Neuzeit, müde geworden und in vieler Hinsicht im Zerfall. Die Reformation gründete neben und gegen die alte Kirche eine neue, die sich deutlich biblischer und zugleich neuzeitlicher orientierte. Auf katholischer Seite wurde Ähnliches von mehreren Reformbewegungen versucht; eine von ihnen war der 1540 gegründete Jesuitenorden. Mit Papst Franziskus – so könnte man ironisierend formulieren – sind die Jesuiten nach 473 Jahren »endlich oben angekommen«: Ein Jesuitenchef prägt nun machtvoll und effizient – also typisch jesuitisch – die ganze Kirche mit seiner eben jesuitischen »Weise des Vorangehens«. Stimmt das? Der wirkliche Maßstab ist ein anderer: Die Kirche soll nicht jesuitischer werden, sondern sie geht zu Jesus und zur Schrift zurück; zugleich übersetzt sie das Christentum besser in die heutige Zeit und wird in diesem Sinn moderner. Millionen Menschen beten für den Papst, dass er genügend Kraft und ein langes Leben habe und dass sein Reformwerk gelinge.

Jesuitisch oder franziskanisch?

Oder wird die Kirche franziskanischer? Mit seiner Namenswahl setzte der Papst ein starkes Zeichen; dieses erfüllte nicht nur die große Zahl franziskanischer Gemeinschaften mit Freude, sondern es wurde weltweit mit viel Respekt und mit der Hoffnung auf einen neuen Geist wahrgenommen. Manche Beobachter fragten sich allerdings, ob der Papst, der ja vorher zum Jesuitenorden durchaus in gewisser Distanz lebte, seine Spiritualität gewechselt habe und gleichsam Franziskaner geworden sei. Die Frage ist schon deswegen falsch, weil der heilige Ignatius in seiner Spiritualität und Theologie auf den Schultern des heiligen Franziskus steht: Beide lebten mit ihren jeweiligen Brüdern – im Abstand von gut 300 Jahren – nach dem Modell der urchristlichen Wanderapostel; beide legten in einer durch Reichtum deformierten Kirche größten Wert auf eine arme Lebensweise; beide waren begnadete Mystiker und wurden zu Reformern der Kirche; beide pflegten eine intensive Schöpfungs- und ebenso Kreuzestheologie. Die Nähe beider ist so groß, dass das spirituelle Ideal eines Jesuitenpapstes »Franziskus« sich bruchlos in beiden Gründergestalten zeigt. Aber nochmals gilt: Die Frage ist letztlich unwichtig, denn im Grunde geht es darum, das Evangelium Jesu Christi heute neu und tiefer zu leben. Das ist der Auftrag des Papstes und ebenso jener der weltweiten Kirche.

Vor seiner Priesterweihe formulierte Jorge Mario Bergoglio ein persönliches Glaubensbekenntnis,[52] das einige Anliegen seiner Spiritualität sehr schön ausdrückt:

Ich will an Gott den Vater glauben, der mich wie einen Sohn liebt, an Jesus Christus, den Herrn, der seinen Heiligen Geist in mein Leben eingoss, um mir ein Lächeln zu schenken und mich so zum Reich des ewigen Lebens zu führen.

Ich glaube an meine Geschichte, die von dem Blick eines liebenden Gottes durchdrungen ist, der an einem Frühlingstag, dem 21. September, mich traf und mich einlud, ihm nachzufolgen.

Ich glaube an meinen Schmerz, der durch den Egoismus, in den ich mich flüchte, unfruchtbar wird.

Ich glaube an die Armseligkeit meiner Seele, die aufzunehmen versucht, ohne zu geben … ohne zu geben …

Ich glaube, dass die anderen Menschen gut sind, dass ich sie ohne Furcht lieben müsste, ohne sie jemals zu verraten, um damit eine Sicherheit für mich zu suchen.

Ich glaube an das Leben aus dem Glauben.
Ich glaube, dass ich viel Liebe schenken möchte.
Ich glaube an den täglichen Tod, der mich aufzehrt und den ich fliehe, der mich aber dennoch anlächelt und mich einlädt, ihn zu akzeptieren.
Ich glaube an die Geduld Gottes, die mich aufnimmt und die gut ist wie eine Sommernacht.
Ich glaube, dass Papa bei Gott im Himmel ist. …
Ich glaube an Maria, meine Mutter, die mich liebt und mich niemals alleinlassen wird.
Und ich erwarte die Überraschung eines jeden neuen Tages, in welcher sich die Liebe, die Kraft, der Verrat und die Sünde zeigt, die mich begleiten werden bis zu jener endgültigen Begegnung mit diesem wunderbaren Antlitz, von dem ich nicht weiß, wie es ist, dem ich andauernd entfliehe, das ich aber kennen und lieben möchte. Amen.

Zwölf Schlüsselworte des Papstes

Buona sera. Das erste Wort des gerade gewählten Papstes lässt aufhorchen. Die auf dem Petersplatz wartende Menge und die Millionen an den Bildschirmen sind verblüfft von dieser so schlichten Menschlichkeit. Einen »guten Abend« ersehnen sich alle Menschen in diesem Moment. Nach dieser Begrüßung bittet Papst Franziskus zuerst die Anwesenden, für ihn zu beten; er verneigt sich dazu vor ihnen. Danach lässt er sich die Stola umlegen, um die Menschen zu segnen. Auch er muss zuerst empfangen, bevor er geben kann. Die Gnade hat Vorrang vor dem Amt und vor jedem Tun.

Vom Ende der Welt. Aus Argentinien musste man ihn holen, damit er Bischof von Rom und Papst der Weltkirche werde. Eine andere, nicht mehr die europäisch zentrierte Kirche steht im Zentrum. Grenzen und Ränder sind sein Thema: Er kommt vom Rand der Kirche, und er sendet an die Ränder und über sie hinaus. Er denkt nicht von der Mitte her zur Peripherie, sondern vom »Ende der Welt« her zum Zentrum. Die Reform kommt nicht vom Haupt, sondern von unten her, von den Armen, von denen am Rande, von der Grenze.

Freude am Evangelium. Es ist eigentümlich: Lange nimmt kein Papst mehr das Dunkel in Kirche und Welt so ernst, lässt es sich so zu Herzen gehen und erhebt einen so dringenden, ja schmerzhaften Reformappell – und lange strahlt kein Papst mehr solch unbändige Freude aus. Der Titel seines ersten apostolischen Schreibens ist Programm: Er lebt Freude. Er bringt der Kirche Freude. Er will alle Menschen in Freude leben sehen. Das Evangelium heißt: Gott überwindet das Dunkel, Licht und Freude siegen.

Diese Wirtschaft tötet.[53] Bei Wirtschaftskapitänen, Wissenschaftlern und Politikern heftig umstritten, rüttelt dieser Satz die Menschen auf. Ja, er ist undifferenziert, einseitig und schief. Ja, er ist zu sehr lateinamerikanisch geprägt. Nein, er stimmt eben doch, und zwar weltweit, wenn man an die Opfer der Umweltkatastrophen in China denkt, an die Arbeitssklaven in den Textilfabriken Bangladeschs, an die Flüchtlinge auf dem Mittelmeer, an die selbst in reichen Ländern mangelernährten Kinder. Der Papst provoziert, und er provoziert zu Recht. Er ist das schlechte Gewissen einer zutiefst verkehrten Welt.

Verbeulte Kirche. »Mir ist eine ›verbeulte Kirche‹, die verletzt und beschmutzt ist, weil sie auf die Straßen hinausgegangen ist, lieber als eine Kirche, die aufgrund ihrer Verschlossenheit und ihrer Bequemlichkeit, sich an die eigenen Sicherheiten zu klammern, krank ist. Ich will keine Kirche, die darum besorgt ist, der Mittelpunkt zu sein, und schließlich in einer Anhäufung von fixen Ideen und Streitigkeiten verstrickt ist.«[54]

Den Armen zurückgeben, was ihnen zusteht.[55] Der Papst erinnert Reiche daran, dass sie großzügig zu Armen nicht aus Folklore oder Mitleid oder Selbstgerechtigkeit sein sollen, sondern die Armen haben, weil sie Kinder Gottes sind und daraus ihre Würde beziehen, ein Recht auf menschliches Leben. Die Armen sind von den Reichen beraubt; wer ihnen gibt, gibt nur zurück, was ihnen zusteht.

Grenzen überschreiten. Die Kirche beschäftigt sich zu sehr mit Binnenproblemen. Sie soll nach draußen gehen, über Grenzen hinweg. Gemeint sind die Grenzen zwischen Christen und Nichtchristen, zwischen Arm und Reich, zwischen Sünde und Gerechtigkeit, zwischen den Kulturen und den Religionen. Christen gehen zu jenen, die dem Reich Gottes fern sind. Sie verkünden und heilen und segnen. Gott ist allen nahe, besonders den Armen, den Fernen, den Flüchtenden, den Sündern, den Kranken – all denen, die hinter Grenzen leben.

Echte Liebe ist immer kontemplativ.[56] Christlicher Einsatz ist nicht Aktionismus, sondern »aufmerksame Zuwendung«. Der Arme muss hochgeschätzt werden – nur dann kommt die Hilfe aus Liebe. Wer liebt, schaut den anderen an, sehnsüchtig und liebevoll, ohne persönliches Interesse und ohne Eitelkeit. Wer liebt, wird das rechte Maß an Aktion und Kontemplation suchen. Wer liebt, betet.

Ich bin ein Sünder.[57] Diese Antwort gibt der Papst auf die Frage, wer Jorge Mario Bergoglio sei. Unerhörtes Wort eines Papstes – nie reden Päpste über sich selbst und nie negativ! Indem Papst Franziskus seine Fehler sieht und zugibt, wird er menschlich und glaubwürdig. Und der moralische Appell an die Umkehr vor allem des Klerus kann nur bestehen, wenn der Moralapostel selbst demütig ist. Der Papst meint es ernst: »Es ist keine Redensart, kein literarisches Genus. Ich bin ein Sünder.«

Miserando atque eligendo. »Durch Erbarmen auswählend« – dieser Wahlspruch Bergoglios zu seiner Bischofsweihe bezieht sich auf Mt 9,9: Jesus sieht den Zöllner Matthäus – kein kleiner Krimineller – am Zoll sitzen und schaut ihn an, voll Liebe, mit dem Gestus des Vergebens und mit dem Ruf, ihm zu folgen. Mit demselben Blick fühlte sich in der Beichte der junge Jorge angeschaut: Gott erbarmt sich seiner Schwäche und Schuld, und zugleich wählt er diesen Sünder für den großen Dienst. Gibt es ein tieferes Deuten der geistlichen Berufung?

Geistliches Alzheimer. Zu Mitarbeitern der Kurie in dieser Deftigkeit! Einige Kommentatoren fühlten sich bemüßigt zu betonen, dass man dieses Wort weder psychiatrisch noch irgendwie diskriminierend verstehen dürfe. Nein, es ist ein Bild: Wer jung und voller Eifer einen geistlichen Weg beginnt, vergisst später leicht das Gebet, die geistliche Motivation, die innere Hingabe, die Strenge des Lebensstils und der Arbeit; er wird bequem, konsumorientiert, eitel. Starke Bilder sind bisweilen missverständlich oder missdeutbar. Der Papst scheut sie nicht. Hier rüttelt er die geistlich Vergessenden auf und schickt sie an ihre Wurzeln zurück.

Knoten lösen. Die Gottesmutter ist Fürsprecherin und Helferin in allen Nöten. Welch dicke Knoten hat ein Papst zu lösen! Er ruft Maria an, und sie hilft. Welch ein Glaube, der Knoten löst, der Berge versetzt, der die Kirche erneuert, der die Welt heilt!

Anmerkungen

[1] Papst Franziskus, Mein Leben, mein Weg, El Jesuita. Die Gespräche mit Jorge Mario Bergoglio von Serge Rubin und Francesca Ambrogetti, Freiburg 2013; zit. als »Mein Leben«, hier 49ff.
[2] Antonio Spadaro SJ, Das Interview mit Papst Franziskus, hg. von Andreas R. Batlogg SJ, Freiburg 2013; zit. als »Interview«, hier 30.
[3] Interview 30.
[4] Der letzte Ausbildungsabschnitt des Jesuiten und zugleich die »dritte Prüfung« (daher der Name): Für etwa ein Jahr geht man in die Stille und in »Experimente«, in denen man den bisherigen Weg reflektiert und sich vor der endgültigen Bindung an den Orden intensiv prüft.
[5] Jorge Mario Bergoglio, Offener Geist und gläubiges Herz. Biblische Betrachtungen eines Seelsorgers, Freiburg 2013, zit. als »Offener Geist«. Leider fehlen in dem Buch Angaben, wann, wo und vor wem Bergoglio die Vorträge hielt; mit diesen Angaben könnte man seine Spiritualität noch besser verorten.
[6] Offener Geist 118f; ausführlicher wird diese Struktur erklärt in: Stefan Kiechle, Ignatius von Loyola. Leben – Werk – Spiritualität, Würzburg 2010, 92ff.
[7] In der langen, 30-tägigen Form besteht der Exerzitienweg nach einer »Prinzip und Fundament« genannten Eingangsübung aus vier »Wochen«, d.h. inhaltlichen Einheiten zu meist biblischen Themen. Der Begriff »Woche« gibt die ungefähre Zeit an, die man mit einer Thematik in Übungen verbringt; die Zeit kann je nach persönlichem Weg verkürzt oder verlängert werden.
[8] Ignatius von Loyola, Geistliche Übungen oder Exerzitienbuch (versch. Editionen); zit. mit »EB« und der in allen Ausgaben identischen Randnummer.
[9] Die dt. Übersetzung spricht nur vom Ostergeheimnis; das ist wohl ein Übersetzungsfehler, denn gemeint sind Karfreitag *und* Ostern.
[10] Interview 27.
[11] Interview 41.
[12] Etwa in: Offenes Herz 108.
[13] Offener Geist 88, nach EB 56.
[14] Offener Geist 258f.
[15] Predigt vom 31.7.2013 in der römischen Kirche Il Gesù; nach EB 59.
[16] Ausführlich etwa in: Offener Geist 134f; Interview 74f.

[17] Mein Leben 42f.
[18] Offener Geist 141.
[19] EB 221 ff.; der Papst verweist in »Evangelii gaudium« (sein apostolisches Schreiben vom 24.11.2013, zit. mit Randnummer) in den ersten Kapiteln ausführlich auf biblische Texte zur Freude.
[20] Offener Geist 21–32, bes. 22.
[21] Interview 63f.
[22] Offener Geist 108, 132f.
[23] Interview 43f; Hervorhebungen im Original.
[24] Interview 45. Der Ausdruck »kämpfende Kirche« (*ecclesia militans*) kommt aus alter Theologie und wird von Ignatius viel gebraucht; er meint nichts Militantes, sondern die Kirche, insofern sie, gegen Widerstände kämpfend, ihren Weg durch die irdische Geschichte geht.
[25] Interview 47f.
[26] Offener Geist 54–61, zit. 58.
[27] Evangelii gaudium 51.
[28] Etwa in: Offener Geist 35; 94ff.
[29] Nachfolge ist mühsam; vgl. Predigt vom 31.7.2013 in Il Gesù, mit Verweis auf EB 95.
[30] Evangelii gaudium 231ff.
[31] Evangelii gaudium 222f; Offener Geist 206f.
[32] Zit. in: Offener Geist 206, leider ohne Quellenangabe.
[33] Vgl. Dekrete der 31. bis 34. Generalkongregation, hg. von der Provinzialskonferenz der Zentraleuropäischen Assistenz, als MS gedruckt, München 1997; hier besonders Dekret 4 der 32. GK.
[34] Paul Vallely, Papst Franziskus. Vom Reaktionär zum Revolutionär, Darmstadt 2014; zit. »Vallely«, hier 54. Dieses biographische Buch ist gründlich recherchiert, bisweilen etwas zugespitzt, aber meist doch gut urteilend.
[35] Vallely 131.
[36] Vallely 31; in diesem Buch eine Fülle von Hintergründen und Texten.
[37] Vallely 143ff. Der Untertitel des Buches – nur die deutsche Ausgabe hat ihn – ist reißerisch und überzeichnet. Der Papst war weder früher reaktionär noch ist er heute revolutionär, aber er hat sich entwickelt und ließ Auf- und Umbrüche in seinem Leben zu.
[38] Die wichtigsten Autoren sind Lucio Gera, Rafael Tello, Juan Carlos Scannone, Juan Luis Segundo. Ausführlicher dazu das ausgezeichnete Buch von Daniel Deckers, Papst Franziskus. Wider die Trägheit des Herzens. Eine Biographie, München 2014, bes. 98ff, 156f.
[39] Jürgen Erbacher, Ein radikaler Papst. Die franziskanische Wende, München 2014, 130.

[40] Interview 43.
[41] 34. GK, Dekret 2, Nr. 47 (vgl. Anm. 33).
[42] Vor allem Interview 64ff; zit. 68.
[43] Recht klar bei Vallely (Anm. 34).
[44] Gibt es einen Zusammenhang zwischen (rechtem) Peronismus und jesuitischem Geist? Bei beiden spielen Ordnung und Disziplin eine große Rolle – prägend für Jorge Mario Bergoglio?
[45] Ausführlich in: Mein Leben 119ff; die folgenden Zitate 120–122.
[46] Ausführlicher dazu: Stefan Kiechle, Macht ausüben (Ignatianische Impulse 13), Würzburg ^{3}2008.
[47] Evangelii gaudium 135–159; zit. 143 und 157.
[48] Vor Weihnachten 2014 sprach der Papst zu den Mitarbeitern der Kurie über »15 Krankheiten der Seele« – mit weltweitem Presseecho. In dieser Rede finden sich zahlreiche Parallelen zu einem geistlichen Text von Claudius Aquaviva, Jesuitengeneral am Ende des 16. Jahrhunderts: »Anweisungen zur Behandlung von Krankheiten der Seele« (dt. in: Geistliche Texte SJ Nr. 22, als MS gedruckt, München 2002). Ob sich der Papst direkt auf diesen Text stützte, ist nicht bekannt.
[49] Vgl. Ignatius von Loyola, Gründungstexte der Gesellschaft Jesu, übers. von P. Knauer, Würzburg 1998, 797–819; dazu Stefan Kiechle, Macht ausüben (Anm. 46), 57–59.
[50] Ausführlicher dazu: Stefan Kiechle, Ein reformierter Priester. Warum Papst Franziskus den heiligen Peter Faber so schätzt, in: Herderkorrespondenz 4/2014, 192–195; Rita Haub, Peter Faber. Globetrotter Gottes, Kevelaer 2006. Ein »Ignatianischer Impuls« zu Peter Faber ist in Vorbereitung.
[51] Interview 39.
[52] In: Mein Leben 140f.
[53] Evangelii gaudium 53.
[54] Evangelii gaudium 49.
[55] Evangelii gaudium 189.
[56] Evangelii gaudium 199.
[57] Interview 27.

Von Stefan Kiechle sind in der Reihe
„Ignatianische Impulse" bisher erschienen:

Band 2
Sich entscheiden (6. Auflage)
ISBN 978-3-429-02535-9

Band 13
Macht ausüben (3. Auflage)
ISBN 978-3-429-02700-1

Band 34
Spielend leben
ISBN 978-3-429-03075-9

Band 47
Warum leiden?
ISBN 978-3-429-03353-8